頭の体操！発明は楽しい

あなたの「アイデア」商品がお店に並びます！

遠藤伸一 著
一般社団法人 発明学会 監修

カバー・本文イラスト　名刺屋さん　吉田栞

はじめに

自分のアイデアを商品として、世の中に流通させてみたい。

そんなことを思った経験はありませんか。

自分の商品を全国のお店に納品する方法は教科書や雑誌にも掲載されていませんよね。

本書は、全国のお店にあなたのアイデア商品が陳列され、多くの方々に知ってもらえるまでのノウハウを、私のエピソードとともに解説しています。

一般的には、発明は、教授、エンジニア、世界の研究者がとんでもない物を発見、あるいは、誰が見ても仰天するようなものだと思われています。

私は特許庁から特許を交付され、自分の考えた商品を世の中に出しましたが、正直な話、私が考案した発明なんてたいしたことはありません。

誰もが考えられるくらいのアイデア商品です。

だからこそ、誰でも自分の商品を全国の店頭に並べることが可能なのです。

「そんなに簡単にはいかないよ」って、そう思いますよね。

でも、私はたった一人でそのアイデア商品を全国各地のお店に納品してきました。しかも、商品のアイテムはたったの一つです。

オリジナル商品がいくつあっても、全国に展開しているホームセンターのバイヤー様と交渉すらしたことがない方がほとんどではないでしょうか。

それは、営業の仕掛けがありきたりで、型破りな秘策を練っていないからです。

ちょっとした拡販戦略で、商品は瞬く間に全国に広がります。もちろん、商品に魅力がなければ店頭に並ぶことなどはありませんが……。

それと、商品の宣伝は、あまりお金をかけないで行なうことが大事です。

個人で商品を作り、その宣伝のために何百万円も投資したけど全く売れず失敗……。

そんなことが、シワの増えてきた奥様にバレたら大変です……。

「そんな商品の宣伝にお金を使うくらいなら、あたしの顔の美容に投資しなさいよ！

ねぇ、ちょっと！　聞いているの！」と、ガミガミ騒がれることでしょう。

奥様の顔によっては、商品の宣伝よりもお金が無駄になるかもしれませんが……。

「ウチだよそれ、……」と、思われたところで……。

業者の言いなりになり、お金をかけて商品のＰＲをしても、まず元は取れません。

事実、私はさんざん失敗してきましたから……。

その自らの経験を踏まえて、宣伝広告で回避すべきこと、特許出願の前に考えること、商品を作るのにあたって必要なことを本書で詳しく紹介しています。

また、アイデアが商品化されるまでの行程もわかりやすく説明しています。

これから商品開発に取り組もうとしている方、商品の販路に困っている方にとっては、うってつけの一冊となっております。重ねて経費削減の裏技も必見です。

全体的にとても読みやすく、面白い内容となっております。

本書を読んでいただけましたら、商品を作り、その商品を拡販させるコツが見えてくるはずです。

そして、いつかあなたの素敵なアイデア商品が全国のお店に並びますように。

もくじ

第1章

アイデアがひらめいたらやるべき心得と誰でもできる補助金申請

1．アイデアが素敵な人生を切り開く

アイデア商品で数千万円の特許収入も決して夢ではありません。

自分の考案したアイデアで〝一攫千金〟。なんかワクワクしてきませんか。

ところで、皆さんが思う〝一攫千金〟と、言えば、賭け事ではないでしょうか。

私の住んでいる市街地には、車で数分の場所に福島競馬場、競輪・競艇・オートレース場外車券売場、スロット店、パチンコ店が立ち並んでいます。

早朝からスマホを片手にパチンコ店に立ち並ぶ人の風景が自然に見えるくらいです。

数年後、地元の国道4号線沿いに、あっちだこっちだってカジノが建設されたら、その国道の名称は〝ギャンブラー街道〟と、改名するようです……。

挙句の果てに、「キミも、大人になったら、博打の聖地、ギャンブラー街道へ行こう！」と、賭博を助長するようなコマーシャルが頻繁に流れたりして……。

こんな街ですから、知り合ったばかりの人からは大抵同じような質問を受けます。

「スロットとか、競輪とか、なにかに賭けていないの……」

「なんにも賭けていないよ……」と、言っていますが、実は賭け事をしています。

なにに賭けていると思いますか？

「パチンコかな、……」って、……。いいえ、違います。

パチンコで人生成功した人、見たことありません。

私が、なにに賭けているかというと……。

それは〝自分の人生〟に賭けています。大きな賭けです。

「自分の人生に……」って……。

そう、〝アイデア〟です。

商品はアイデアから誕生します。でも、アイデアは商品以外でも至るところでチカラを発揮します。

アイデアがあれば、人生の旅路の途中で窮地に立たされても、打開策を見出せます。

アイデアがあれば、どのような状況でも常に平常心でいられ、冷静に判断できます。

アイデアがあれば、運を呼び寄せ、たくさんの幸せをもたらされます。

素晴らしいアイデアが浮かぶと、ウキウキしてきます。そのアイデアに向かって歩き始めると、また新しい発想が湧き出てきます。いつまでも滞ることなく、溢れんばかりに。

そして私は、そのアイデアで本を書いています。

今まで施錠されていた、脳の中にある扉を開けてみたら驚きますよ。

その中に眠っていた〝アイデア〟という光り輝く財産があったことに……。

どうです。これからは、あなたもアイデアに賭けてみませんか。

もっと素敵な人生を切り開けるように。

2. 商品を作ったきっかけ

皆さんから、しばしば、商品を作ったきっかけを聞かれます。

「遠藤さん、この魚内臓取り具を作ることになったきっかけって……」

こう答えていきます。相手にもよりますが。

「ワカサギの内臓を包丁で捌いていたときに誤って小指を〝グサッ〟と、バックリやっちゃって、……、それがきっかけです」

だいたいの人が私の指をチラチラ見ます。右手を見たり、左手を見たり。

「エッ……、それがきっかけって……、小指、大丈夫だったの……」ダメ……。「小指は〝プラプラ〟まな板血だらけ」

「……」ちょっとシーンとなります。

「ウソ〜、冗談」驚いている顔を見るのが好きなもので……。

「冗談って……」だいたいの人が呆れ顔です。

てか、自分自身でも呆れます。

ここからは、本当の話。30歳の頃。私は小さなバーを営んでおりました。

お店に来店するお客様に、ワカサギの空揚げのお通しをお出ししようと準備に取りかかりました。仕込み中の出来事です。

包丁でワカサギのエラと内臓を取っていたら、まな板が血でベトベトです。

洗っても、洗っても、まな板に付着した血の黒ずみがぜんぜん取れません。

しかも、魚の内臓って臭いのなんのって、自分の足の裏の臭いといい勝負になりそうですが、そのときこう思ったのです。

「これって、皆、まな板や包丁に付着した魚の内臓の血の汚れが思うように落ちなくて困っているんじゃないのかな」と……。

翌日、魚の内臓を取る器具が売っているはずだと思いホームセンターへ。

「すみません、魚の内臓を取る調理器具ってありますか……」

そこのお店の店員さんに聞いてみると……。

「ないですね。そういった商品は見たことがありません」

「ない……」

これが釣り具店で探してみても見当たらず。

デパートのキッチン売り場にも、大型のスーパーにも置いていませんでした。

ネットで調べてみても、まったく見つからなかったのです。

私はどこにも販売されていないことを知り、なぜか魚内臓取り具を自ら作ろうと決意するはめに……。

これが商品名「ぐるぐるとって」魚内臓取り具を作ったきっかけです。

そして、ここから10年にもおよぶ壮絶な商品開発が始まります。

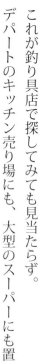

3. 発明はいつも不便から生まれる

世の中には次々と便利な商品が登場しています。スマートフォンやパソコンなんかは作れませんが、一般の人でも身近な便利なアイテムなら作れます。

私は、皆さんに斬新で素敵な商品を作ってほしいと願っております。

唐突ですが、暇があれば店頭に並んである商品のアラ探しをしてください。

なぜならば、品物のアラ探しは新商品に繋がり、あなたの収入を増やす絶好のチャンスとなるからです。

「なんか、この品物使いづらいな……」

そう、この〝不便〟と思う発想が大事なのです。

でも、アラを探していいのは商品だけです。

他人のアラを探してみても、お金は空からふってきません。

グダグダと悪口ばかり聞かされている方は嫌なものです。

聞いているだけで疲れます。

イジメも、また同じこと。

誰かを傷つけても、企業からは一円たりとも支給されません。

他人のアラ探し、ましてやイジメなんか論外です。

将来クソの役にも立ちません。ただ、クソったれの人間になるだけです。

そんなことに没頭するくらいならば、便利な商品でも考えて自分の収入にした方がどんなに賢明か、と思いませんか……。

ですから、スーパーやホームセンターに立ち寄った際には、〝キョロキョロ〟と商品を見定めてください。なんでもかまいません。商品の包装でも、陳列されている商品の中身でも。

「こんなふうにしたらもっといいのに……」あんまり〝キョロキョロ〟していると、怪しい万引き犯に思われるかもしれませんが……。

しかし、そのひらめきが印税収入の突破口となるのです。

身近に感じる不愉快なことでもいいです。例えば「旦那の口臭がキツイ……」

そしたら、その口臭を一発で消す商品を作ったらお金持ちになれます。

口臭い旦那にも感謝するでしょう。少なくともそのときだけは……。

旦那のアラ探しで商品に結びつくのならＯＫです。

ちなみに、私は毎朝、自分の口臭にむせて起きています……。〝オエッ〟

それと、私の魚内臓取り具のアラ探しだけはしないでくださいね。

「ぐるぐるとって」は、とてもいい商品です。

海外の知り合いの友人に「100円ショップでも売っているの……」と、聞かれたので、「これから20年経っても作れないと思う」と、言ってやりました。

100円ショップで買えそうな品物に見えますが想像以上に難しいです。

「どこが……」って……。

そう思うでしょ……、でも、マネしようと試みたら想像を絶しますよ。

それは後から詳しく教えます。

4. アイデアが浮かんだら特許出願を

〝発明〟は不便からの発想、偶然、それぞれ様々。

私が〝ピン！〟とひらめいたのはワカサギの腸……。ワカサギのグロい腸の血が発明のきっかけですからね。それがいつのまにか形となり、特許が認められ、商品として日本各地に納品することになろうとは誰が想像できたでしょうか。

ワカサギの腸が私に幸運を導いてくれたことになりますね。

その一方で、商品の開発途中でいろいろな出来事がありました。

いい加減な営業マンたちの洗礼、胡散臭いネットショップの勧誘、詐欺広告代理店の脅し等。同じ腸でも腸が煮えくり返りましたよ。

自分で書いておいて言うのもなんですが、腸、腸って、なんだかコンガラガッてきます。

掃除、キッチン用品の便利アイテム等、商品になりそうなアイデアを特許庁に出願し、苦労して特許証を手にした人も多いはずです。とは言え、商品に、特許、実用新案は、必ずしも必要ではありません。食べ物でも、飲み物でも、大麻でも……。

ただ、特許、実用新案がないとマネされて独り占めができないだけです。

他で商品を製造し、販売ができないようにするための権利が特許、実用新案です。

要するに、特許があれば損害賠償の請求が可能です。商品を守る権利になります。

〝結婚〟それは奥様を独り占めできる権利。中には、一刻も早く、手放したい人もいるでしょうけど……。「俺がそうだよ……」って……。お疲れ様です。

もし、他の野郎に奥様がツマミ食いされたあかつきには、損害賠償の請求ができます。特許侵害と同じようなものです。まあ、このケースの場合、奥様にも十分問題はあるかと思いますが……。

ちなみに、未婚なら浮気した相手に対し、ツマミ食いをされても損害賠償は請求できません。私の経験上、泣き寝入りです。〝グズン……〟

中国にある一部の企業から言わせれば、日本の特許、実用新案は、ただの紙切れくらいにしか思っていないのかもしれません。

「パクッテ、ナニワルイ！　パンダカエセ！」と、逆切れされそうです。

しまいには、「日本の富士山は、我が領土」とか言って、騒ぎ出したりして……。

もし、あなたが国内のメーカーにアイデアを売り込む

いい
アイデア
みーつけた！
おい！
それオレの
アイデアだぞ！

際には、特許、実用新案がないと受け付けてもらえないと思っていいでしょう。

せっかく手にした「特許証」、あちこちに売り込んでも断りの返事が続いたら……。そのやり場のないもどかしさ、といったらつらいですよね。かくいうこの私も、その一人でした。でも、とりあえず、特許、実用新案は必要です。

5. 法人設立は必須です

弊社の会社名は、昭和ワールドコーポレーション合同会社です。

「ん、……、合同会社ってなんだ」と、いう人もいるかと思います。

こう言っちゃなんですが、私も自分で設立しておきながら、「合同会社ってなんだ」と、いまだに思っています。

法人といえば、株式会社や有限会社のイメージではないでしょうか。

有限会社は、いつのまにか廃止になって設立ができなくなりました。

それで代わりに、ひょっこら合同会社が現われたみたいな……。

合同会社とは、出資者全員が間接有限責任者社員によって構成されている会社です。登録その他権利の設定又は移転……、なんだかよく分かりませんが……。

まず、決算公告の義務が不要。また、自由に定款に規定することが可能です。

株式と違って設立時のコストが少なく済みます。14万円くらいの差がでますね。役員の任期もありません。零細企業ならばうってつけの法人です。

大企業でも合同会社があります。大手スーパーの西友です。会社名「合同会社西友」

アメリカの会社ではかなり合同会社が多いらしいです。

西友はアメリカのウォルマートに買収されたせいでしょうかね。

私は「ひとりでできるもん」のサイトを見て、自分で合同会社を設立しました。

行政書士の方にお願いすると数万円から数十万円も設立代行費として巻き上げられます。時間があれば自身でやった方がおすすめです。法務局に行ったり役所に行ったりと、ちょっと忙しいですが、浮いたお金で１００円くらいのアイスなら、かるく８００個は買えます。８００個ですよ。考えますよね。いっぺんに食べたら、太るか、やつれます……。

行政書士はあなたに言うでしょう。

「大変ですよ〜、不慣れでしょう〜、任せなさい〜、お安くしますよ〜」と……。

はっきり言って、なんにも難しくありません。パソコンがあれば小学生でもできるレベルです。なぜ法人を設立したかと言いますと、法人でないと取引する会社と契約してもらえないことがあるからです。プラスチック工場、問屋、商社、量販店等。

法人の手続きも、ちんたらしていると数週間くらいかかりますから、早めに行っておくべきです。仮に先方から商品の発注要望があっても、その前に口座開設（業者との間の取り決め文書）を必ず交わさなければなりませんので……。

法人でないと納品どころか契約で寸止めを食らいます。

寸止めはつらい。自分にとってつらかった出来事の寸止めといえば、これ。

これからっていうときの寸止め。しかも何度も。「キョウダメダヨ、ソコワコンドデス」

相手は何を考えているのかよく分からないロシア人のホステスでした。

その数カ月後。何を思ったのか、私たちは同棲しました。しかも、2歳の金髪の男の子付きで……。楽しかったのは最初だけ、ラストは悪夢でした……。

少し話が脱線しましたが、寸止めの前に法人の設立を……。

「ロシア人と最後はどうなったの……」って……。

日本にまた行きたいというから、二人分の面倒な観光ビザの書類を作成し、ロシア大使館に提出。許可が下り、航空費とホテルの宿泊費を相手の口座に振り込みました。

その後、電話が鳴りました。

「ハバロフスクノ、ニホンリョウジカン、イッタネ。デモ、ニホンニダメ、イクデキマセン、イワレタ。ダカライケナイ。ゴメンネ。サヨナラ」

「……はあ？」

納得がいかなかったため、ハバロフスクにある日本領事館に電話をしたら……。

「おかしいですね、そういった方はこちらに来ていませんが……」

「……」ブチキレて、すぐさま、そのロシアの女に電話をかけました。

「もしもし！　ふざけんなお前、だいたいにして、領事館に行ってねーじゃん」

「ニホンゴ、イミ、ワカラナイ！」〝ガチャ、プー、プー、プー、プッ〟

「……」

オチは以上でございます……。

6．創業・第二創業促進補助金をゲットしよう

「創業補助金」

国からの支援で受けられる補助金。早い話、新たに創業する人に対して経費の一部を補助してくれるものです。経済の活性化が目的だそうです。

私は、日本金融政策公庫から設備資金と運転資金の融資を受けました。

そこで、担当の方から創業促進補助金の申請を持ちかけられました。

職員「エッヘっへっ、うまくいけば200万円もらえまっせ～」

私「エッヘっへっ、じゃあ、うまくもらいまっせ～」

実際はもっとまともな会話です。

そりゃあ、200万円ゲットの可能性があるならば立ち向かいますよ。

書類は面倒ですが挑戦する価値は十分にあります。是非、この創業促進補助金の申請にチャレンジしていただきたいと思います。しかし、申請すれば必ずしも誰もが補助金をもらえるわけではありません。ここ数年は、応募数がうなぎ上りでたくさんの方が申請をしています。私が申請した地域需要創造型補助金の上限は200万円です。

支出した対象経費の金額のうち三分の二が後で補助されるしくみとなっております。

支出の費目は、広告費、人件費、家賃、その他の経費等。

平成28年４月の創業補助金採択結果はごらんのとおり。

応募総数２８８６件、そして採択総数は１３６件。

この補助金の申請は行政書士の方にお願いしている人がほとんどかと思います。

ただし、行政書士の方もタダではやってくれません。当然ですけど。

行政書士の成功報酬は、20％と聞きました。仮に２００万円の創業補助金が採択された場合、40万円の報酬の払いを余儀なくされます。

余談ですが、私は補助金の書類をすべて自分で作成しました。それは行政書士に一銭も払いたくなかったから。ただ、それだけ……。

しかし、私は幸いにして運良く補助金をいただくことができました。

「採択のコツは……。どんなこと書いたの……」って……。

やはり、採択する側に立って考えることでしょうね。起業に対しての思いや、事業を通して地域貢献ができる企業であることをアピール。とどめは、胸を打つような熱いエピソードを盛り込むことが必要なのではないでしょうかね。

ちなみに、私は自分で書いた文面を読んでは何度も感動していました。

第2章

ちょっと得する裏ワザと発明を売り込む方法

1. 創業・第二創業促進補助金の申請は的確に

この補助金は税金です。言うなれば国民の皆様の血税です。ですから、採択通知の決定が届いてもホイホイとお金を振り込んでくれるわけではありません。

まず、書類、嫌な量です。申請内容の件で何度も事細かく指摘を受けます。

私の場合は、何十回も電話での聞き取りがありました。

追加の書類は数えきれません。私だけだったかもしれませんが……。

とにかく作成した書類内容で少しでも疑問点があれば即突っ込まれます。

遂行状況報告、支払経費の証拠書類、事業完了報告書、事業実地概要報告書、補助対象経費総括表、費目別内訳表、出張旅費明細書、取得財産等管理台帳……。

そして、確定検査（現地調査等）。その他もろもろの書類提出。

交付請求をしたら、また、調査が入ります。この辺りで精神的にフラフラになります。

実際に購入した経費等は確認されます。職員の方が必ずやって来ます。

私のときも、鋭い目をした三人の職員の方が黒光りしたベンツで訪問。ウソです。レンタカーでスタンダードなクラスでした。あれ、カローラだったたか、カムリ……。

まあ、これはどうでもいい情報です。こちらの金型の保管場所が駅からものすごく遠かったためレンタカーを借りたようでした。すぐ近くに洞窟があるんです。あぶくま洞。購入した金型の製作工場に来ていただき、そこの社員さん一同で職員の方を入り口付近で出迎えました。「ようこそ！　洞窟のパラダイス、あぶくま洞へ！」冗談です。

もちろん、私を含め皆さん初対面です。

そして、補助金の職員の方がなんのためらいもなく私に近づき言ったのです。

「こんにちは、あなたが遠藤さんですよね」

「は……、はい。はじめまして、遠藤です。本日はお世話になります」

不思議だったのが、なぜか私のことを一発で当てたこと……。

よほど私に美輪明宏のようなオーラがあったのか……。

それとも出迎えた中でもっともアホな奴だと瞬時に悟ったのか。いつも書類を間違えているのは「コイツに間違いない！　コイツが遠藤だ！」と……。

皆にはこう言われました。

「一番アホに見えたんだべ」私も間違いなくそう思います。

調査は終始マルサの取り調べにあっているようでした。

人生で一度もマルサの取り調べにあったことはありませんけど……。

なにはともあれ、補助金申請の虚偽は絶対に厳禁です。しかも交付から5年間は、事業化等状況報告書の提出義務があります。これもちょっと面倒です。

「補助金職員 御一行様、第一印象報告書」もし、仮に上記の報告書の提出義務があったならば自分ならこのように書くと思います。

「実際会って話してみたら、とても紳士で素敵ないい方ばかりでした」

以上

2. プリンターの秘密

もし、会社を起こしたら必ず必要な物があります。

「美人な秘書が必要……」って……。男なら誰でもそうです……。

はい。プリンターです。最初は家庭用で十分です。

まず、プリンターと聞いてどこのメーカーを連想しますか？

おそらくキャノンかエプソンではないでしょうか。

どちらも一流メーカーで多くのシェアを占めております。

プリンターって機能が優れているわりには「こんなに安くて採算が取れているの、……」と、疑問に思いませんか。

本体定価１万円のプリンター。

いくら中国やベトナムで量産しても儲けはそんなに出ませんよね。

「優しい企業で儲けは考えていないんだね」って……。

いやいやとんでもない。はっきり言ってボロ儲けしています。

実はこれ、インクで儲けているのです。純正のインクはとにかくバカ高い。

原価そのものはタダみたいなものなのに、それが市場での価格は六色で５０００円以上です。歌舞伎町のボッタクリ店もびっくりです。

私が高校生の頃、アルバイトの時給は、３８０円でしたよ。

10時間も皿を洗って報酬は３８００円……。手はボロボロ。

今考えると恐ろしいです。

「ウソつけ！」と、思われそうですが、昭和62年頃の私の地域ではそうでした。

なんか「昭和」というだけで時代を感じるのは私だけでしょうか。

その当時で時給が1000円もらえる仕事といったら、死体洗いか、汲み取りトイレの清掃くらいだったでしょうね。

てか、あの精密な性能を持つプリンターを1万円で販売しているのに対して、100円ショップで買えそうな純正インクカートリッジの売り値は5000円以上。少し前頭葉が混乱します。前頭葉って、なんのためにあるのか知りませんが……。

アマゾンや楽天でも十分の一くらいの価格で非純正インクが販売されていますが、全然問題はありません。

「そんなこと知っているわ」と、炎上ですか。

ご勝手に……。

本当に得する話はここから。

私の使っているプリンターは「エプソン」でも「キャノン」でもありません。

そのメーカーとは、……、この二つの間をとって、

「エプノン！」

名前可愛くないですか。なんか、売れそうですよね。
事故車を繋ぎ合せた「ニコイチ」みたいですが、「エプノン！」は冗談です。

愛用の写真のインクはブラザー非純正インクゼグーカラーＬＣ１１３シリーズ。
この飛び出したインクカートリッジなら、数年はインクの交換なんて必要ありません！
また、インクの継ぎ足しも可能なので、まともに純正インクなど買えません。
あなたがこのインクを知っていたなら、かなりのマニア小僧です。

3．プリンターを常に新品で賢く購入する裏技

私の使っているメーカーは「ブラザー」です。ミシンでは有名ですが、ここ数年はプリンターにも力を入れています。もちろん家電売り場で売っています。

人気はそれほどありませんが性能は全く変わりません。

「ブラザーの何が裏技だ！」って……、慌てない。慌てない。ひと休み。ひと休み。なんだかどこかで聞いたことのあるフレーズですが……。

ブラザーは安い機種なら新品で７０００円くらいの価格です。通常、普通に使っていれば半年以内にインクはなくなります。そして、インクがなくなった本体のプリンターをネットで売るのです。５０００円で売れるから不思議です。

安くて型落ちしていない試乗車みたいなもの。

要するにインクの再購入（特に純正）の値段を考えれば５０００円で売って、新品で７０００円のプリンターを買った方が得ということ。

もちろん、新品のプリンターはピカピカの純正インク入りです。常に新しいプリンターを使い続けることができますし、新品なので故障の心配もありません。それこそ、数年も

使って修理を依頼したらバカ高くつきます。

　私の地元にあるコ○マ電気に行ったときのことです。

　いつものようにブラザーのプリンターを見に行くと、キャ○ンの営業の人がお店の売り場で商品の説明をしていました。

「プリンターをお探しですか。弊社のこちらのプリンターはいかがでしょうか。これは大変人気で、良く売れていますよ。おすすめですよ」

「でも、得はしないですよね」

「エッ……、得ですか。性能はすごくいいです」

「半年ごとに新しいものに買い替えているんだよね。しかも１００円でも安く」

「……、ん……、半年ごとですか」と、きょとん。

　そこで、さっきの話をしました。そしたら、そのキャ○ンの営業の人が、「確かにそうですね……、まったく想像したことありませんでした。間違いなくお得ですよね。大変勉強になりました……」と、唖然としながら私から去っていきました。

　そして私は、そのフロアーにいたコ○マの店員さんを呼び止めました。

「さっきね、ヤマダ電機に行ってきたんだけど、このブラザーのプリンター、その値段よりも５００円安くしてくれたよ。ねぇ、その値段より６００円安くして」と、１００円の値引き交渉……。

「ん～ん」と、電卓を叩きながら渋々安くしてくれることに成功したその10分後。

私はすぐ近くのヤマダ電機にいました。1年ぶりに……。そして、そこの店員さんに、

「このプリンター、コ◯マではね。……、この値段からあと７００円安くして」

4．必要なものと、どうでもいい話

その他に必要なものはもろもろと。

「社判」

印鑑証明、銀行員、認印。ハンコの広告で運勢が上がると謳って高額なものを買わせる業者がいますが、そんなもので運勢など変わるわけがありません。

変わるのは業者の売り上げだけ。ハンコもちゃんとネットで調べた方がベターです。

昔からやっている古びたハンコ店よりもずっとおすすめ。
私は「はんこ祭り」で購入しました。格安です。

「**商標登録**」
自分の商品の名前を他の企業に使わせないための権利。
あなたがおいしい飲み物を作りました。
さて、商品名はどうしようかと考えるかと思います。
さんざん考えたあげく「コカコーラ」と、名付けたら、まず叩かれます。
すでに使われているからですね。
商品にとって味は大事ですが、うたい文句とネーミングは、とても重要です。
ギリギリ商標登録ができそうな商品名を考えてみました。
企業からクレームがきても責任は一切負いかねます。
商品の長所を強調した宣伝も兼ねてみました！
「ＣＧレモン」レモンの味を空想して飲んでみないか！
「ヘルペスどんな菌Ｌ―92」抗生物質を事前に飲んで病気を回避！

「ご通夜サイダー」最後の別れ。さっぱりスカッと忘れよう！
「ユウヒスーパーカライ」夕日を見つめスパイシーなビールで乾杯！
「加藤鷹のにごり茶」綾鷹よりも元気１００倍！　＊加藤鷹↓元Ａ○男優
「生だとでき茶う」やる前に冷静に考えてお茶を飲め！
「ポッカリスエット」あっという間に死にたい気分にはコレ！
「カオヨリアス」不細工な女と寝る前に飲むならこの一本！　＊アス↓ＡＳＳ（お尻）
「ベンピカーナ」お腹が詰まってきたらこれで決まり！
どうです。尚、商品登録は自分でもできますが、弁理士もやってくれます。

5．えきねっとと小ネタ

遠方で営業に行く際には、やはり、新幹線。でも、新幹線って高い！
私はいつも、えきねっとの「お先にトクだ値」を利用しています。

パソコンからでもスマホからでも簡単な手続きで予約ができる仕組みです。

なんといっても値引きが魅力。最大で50％オフです。

バカらしくてまともに買っていられません。販売は搭乗日一カ月ちょっと前から予約を開始しています。当然すぐに座席は埋まります。

ちなみに、先行予約の段階で通路側に指定すれば比較的ゲットしやすいです。

事前に打ち合わせの商談がある場合は是非利用してください。

えきねっとでの予約はクレジットカードで行ないます。ＪＲ専用のクレジットカードでなくても問題はありません。

ここで問題。こんなときあなたならどうします？

あろうことかクレジットカードの返済を滞納していてカードの利用ができない。バスは嫌。でも、どうしても新幹線に乗りたーい！

通常、クレジットカードでのショッピングは支払いが滞っているとカードの利用はできません。したがって、駅にある発券機でそんなクレジットカードを挿入しても切符はもちろん発行されません。

しかし、これ、クレジットカードの返済ができていなくても、えきねっとで新幹線の予約が完了していれば乗車は可能なのです。

そこで、少し泣きじゃくって、みどりの窓口に行き、支払いが滞っているクレジットカードを駅員さんにそっと差し出します。

鼻をすすり〝グズン……〟はい、クレジットカード。

「返済日に引き落としができていなかったみたい。えきねっとで予約はしていました。すみません……」と、言えば、その場で新幹線の切符が発行されます。

クレジットカードでネットの予約が確認できれば問題はありません。

そして、駅員さんから、しかめっ面でこう言われます。可愛い女の駅員さんなら何回でも、しかめっ面を見たいものですが、だいたいは、中年のおじさんです。

「いいですか！　次回は必ず使えるカードで予約してください！」

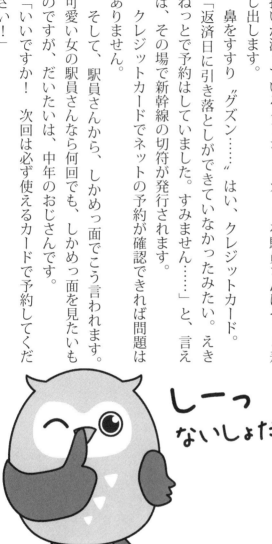

「ごめんね。ごめんね～」と、言えば、それで済みます。余裕です。

私は何度かこれで乗りました。

もし、みどりの窓口でもカード決済ができなかったら、予約していた割引料金を現金で支払えばいいだけの話。

ちょろいぜ。

クレジットカードが停止状態でも予約さえ済ませていれば、格安で新幹線に乗れるということ。

ちなみにＥＴＣも事故防止のためゲートは開きます。

もちろん滞納していてもショッピングの枠が限度いっぱいでも割引は可能。

カードの利用停止の通知が届くまではふてぶてしく利用できます。おためしあれ！

6. 発明学会会員のおすすめ

「一般社団法人 発明学会（会員組織）」

ホームページにも記載されていますが、特許の権利化や有用な商品を社会に提案する活動をしています。一般の方の発明、アイデアを企業に推奨し、商品開発の架け橋となって知的財産権の活用を支援する一般社団法人です。

定期的に行なっているコンクールでは、多くの発明がここで商品化に成功し、実施料収入を得ています。

あなたの発明したものが商品化になることも夢ではありません。

また、定期的に発明家を応援する情報も配信しています。

発明商品化ニュース、定期イベント、セミナー開催の告知、発明に奮闘している会員の方のエピソード、中小企業からのアイデア募集とか様々です。

これから発明をめざす方にとっても役に立つ情報が盛りだくさんあるかと思います。

また発明学会で運営しているネットショップでは、受注、発送まで面倒な手続きをすべて行なってくれますので、会員の方には多くのメリットがあります。

なにをかくそう、私自身も会員です。以前は個人会員でしたが、今現在では会社を設立しましたので、法人の会員として活動をしております。

現在、発明学会では商品のプレスリリース（報道関係者に向けた広報）に力を入れております。会員の方の涙ぐましい商品をマスコミに紹介してくれるシステムです。

商品を作ることになったきっかけや、商品化までの体験談等を作成。そして、その商品に食らいつきそうなマスコミに資料を送ってくれています。

なんといっても商品を知ってもらうためには、マスコミへの宣伝が一番です。

テレビ、雑誌、新聞、ラジオ、インターネットでの配信。

これまでにもテレビをはじめ、たくさんのメディアにこのプレスリリースで会員の方が紹介されています。

自分でマスコミに商品を配信しようと思ったら、とんでもない料金がかかります。しかし、発明学会を通して紹介された場合、マスコミからは一切料金が発生しません。

なによりもいい思い出になります。自分の考えた商品が日本中に知れ渡る。

うれしいですよ。なんか挑戦したくなってきたでしょ。

現在、発明学会の入会案内　冊子『発明ライフ・入門』（５００円　Ａ５判フルカラー

16ページ）を無料で差し上げていますので、是非、応募してくださいね。

詳しくは、第8章の発明学会の活動紹介でご覧になれます。

7．プレスリリースを掴み取れ

マスコミに紹介されますと、商品の知名度や信用は格段に違います。

スーパーやホームセンターで、「○○テレビに紹介されました！」と、書かれているだけでいいものなのかな？と思いませんか。

マスコミの方が魅力のある商品だと感じたからこそ紹介してくれたわけですよね。お店でお金を支払って紹介してもらっているケースもありますけど……。

私の商品でありますす「ぐるぐるとって」も発明学会のプレスリリースによってマスコミに紹介されました。

「なんで紹介されたの」って……。

「だって、それはいい商品ですから……」

私の商品の場合、いろいろなマスコミ各社に送れるような便利グッズでしたので、紹介しやすかったのかもしれません。

もし、発明したものが宇宙船内向けの便利アイテムだったならば、プレスリリースはどうしましょうか。

「NASAに送ったら……」って……、ん〜、その前に英語教室に通わないと……。プレスリリースの内容は、商品開発経緯、商品に対する熱意も大変重要かと思います。こちらも受け取って読む側の気持ちを踏まえることが、マスコミ配信ゲットの近道ではないかと思います。

さっき、「だって、それはいい商品ですから……」と、言いましたが、運が良かったのだと思います。実は運を掴み取るために、私は絶えずアンテナを張り巡らせています。

3月某日。

私は、発明学会でプレスリリースをやっていると知るや否や、すぐに商品開発の体験談を書いて商品サンプルとともに送りました。

奇しくも、4月18日は「発明の日」。担当の方がその日までに間に合うように、急いで私のプレスリリースを作成して関係各社に郵送。その方、聞けば非常に釣り好き（ライギョマニア）らしく、東北の奥地まで足を運んでいるというから驚き……。

普段は送らない釣りの雑誌社にも機転を利かせて紹介してくださったのです。

その釣りの雑誌社に、私の想いを〝仕掛け〟てくれたなんて素敵な方です。

そして、早速、ルアーマガジンソルトの雑誌社から掲載の連絡をいただきました。

「魚の内臓がかんたんに取れちゃう発明品！」の見出しで翌月の雑誌に紹介。

全国版でしたから多くの方が目にしたと思います。

発明学会の担当の方、釣り雑誌社の方々、本当に有難うございました。

あなたの考えた商品も全国に知れ渡るチャンスがあるかもしれませんよ。

8．特許出願は弁理士にお願いするのがベター

何度も特許を出願している人ならともかく、はじめて特許の出願をするのであれば弁理

士にお願いした方が間違いないと思います。

複雑な作りで構成された図面、拒絶理由通知書が届いた際の補正書の作成はかなり困難だと思いますので。

普通免許もないのに、大型トレーラー車をいきなり運転して、事故を起こすようなものです。

苦労して完成した試作。特許が受理されなかったら悪夢です。

各県で発明、特許に関して、弁理士による相談窓口を開催していることがありますので、まずは相談されてはいかがでしょう。

弁理士へ正式に依頼する場合、特許の難易度、請求の数、明細書、図面の枚数、追加の補正書の書類にもよりますが、特許庁へ納める経費とは別に30万円から50万円はかかるかと思います。

実用新案であれば、自分でもできます。出願さえすれば審査されることなく付与されますから……。ただし、実用新案の権利は出願日から10年。特許の権利は出願日から20年が存続期間です。

また、各都道府県で企業や個人に対し、日本国特許庁への出願における経費の一部を助成してます。ホームページ等で検索して是非とも利用していただきたいと思います。

（例）助成対象経費の二分の一以内

特許出願の場合は、上限30万円、それ以外の場合は、上限15万円以内。

経費区分、弁理士等への報酬、特許庁費用、その他の経費等。

私はこの助成制度が分からなかったので、後に知って愕然としました。

特許出願の経費に60万円以上かかったので、30万円くらい損した計算です……。

この助成金制度のことは誰からも聞かされていませんでした。

私の顔はイマイチですが、優しい心の持ち主であります。皆様からの見返りは一切求めず、今こうして教えています。私はいい人ですから……。

「この本を買ってくれたからだろ」って……。そうです。

行政の助成金は、ホームページで調べないとわからないものです。

助成金といえば特許とは関係ないのですが、自治体によってはチャイルドシートの助成もしてくれているのはご存じですか。

上限は、1万円。

「エッ……、そうなの……」ですよね。そんなの知るわけがないです。

もちろん、チャイルドシートを購入したレシートが必要。申請したくてもレシートを紛失した友人が助成金をもらいそこねてご立腹でした。

第3章

商品化の基礎知識と
波乱の商品開発秘話

1．企業は簡単に商品化してくれない

そもそも企業に売り込んでも、おいそれと商品化なんて簡単にはしてくれません。私もさんざん歯がゆい思いをしてきました。特許証を所持していても商品にならなかったら何の意味もありません。

いろんな資格を取得していても活用しないのであれば無駄ですよね。俗にいう〝資格フェチ〟です。

特許も同じこと。何枚も特許証を国から受理されても持っているだけならば、ただの〝特許フェチ〟です。

ちなみに、私は女性の困っている顔が好きなので、ちょっと変わった〝困った顔フェチ〟です。困ったものです。

少々話が脱線しましたが、特許は持っているだけで特許庁にお金を納めなくてはなりません。しかもこれ、数年ごとに納付金額も高くなります。

要するに特許をたくさん持っていても、それをいかさなければ特許貧乏になります。特許庁が儲かるだけです。

特許が交付されたらば、一心不乱で商品化する意気込みが必要です。

普通の主婦の方が普段の生活の中でふと思いつき、そのアイデアが商品化されて大ヒットした話がありますね。

「宝くじに当たったようなものだよ」って……。

そうですね。でもその主婦の方は自分でひらめいた商品の便利さを信じ、商品化に向けて挑戦したということ。

宝くじだって買わなきゃもちろん当たらない。アイデアだって考えただけでは何も変わりはしません。

スポンサー企業が商品化して全国に販売。その主婦の方は寝ていてもお尻をボリボリかいていても特許料（ロイヤリティー）が振り込まれます。

「そんなの嫌だ」って人います。

お尻ボリボリの話じゃないですよ。特許料のことですよ。

中には何千万円の収入の人もチラホラ。うらやましくありませんか。

通常、特許を持っている方は企業に商品を作ってもらって、売れた分の中から何パーセントかの収入を得るという方法が一般的でしょう。

そうは言っても大抵の企業は商品化に難色を示します。

なぜならば、品物を作るのには「金型」が必要だから……。

これがすごく重要なのです。

2. 金型ってどんな物

金型といっても〝ピン！〞とこないですよね。

例えば、鯛焼き。中身のあんこはどうでもいいです……。

鯛焼きでも鯛の形をした鉄器の型です。

金型は、その鉄器のものすごいバージョンだと想像してください。

鯛焼きの金型が５００円玉ならば、製品を作る金型は重量選手が挙げるバーベルのようなものです。かえってわかりづらかったりして……。

幅、高さは50センチ以上。重量５００キロ以上。面白がって担いだら腰の骨砕けます。

国産の金型にもよりますが、50万個くらいのプラスチックの量産がまかなえます。
「バッチン、バッチン……」叩き打ち続けるものですからね。えらい丈夫です。
それとも「ガッチャン、ガッチャン……」の音の方がイメージ湧きますか。
それとも「バッコン、バッコン……」の音がいい……。
それとも「パン、パン、パン、パン」の音が好き……。
「機械じゃなく、別の音のイメージに変わりそう……」って……。
ニヤけながら想像した人は、ハードなプレイが好みということでいいですね……。
ちょっくら、金型を二つ運びたいとします。でもハイエースには詰め込めません。
即、積載オーバーです。関取ですらハイエースに乗れるのに。
ちなみに、私が乗っている車はハイエース。ナンバーは、５９６３です。
ところで〝５９６３〟の意味って、わかりますか……。
以前、このナンバーで走行しているバキュームカーを見かけたことがあります。
あなたの糞尿を運ぶ車です。50メートル先からでも妙に気配は感じます……。
思わずナンバーを見て「うん、うん、そうだね」と、思いました。
日々頑張っている皆さんに、私からも捧げたいと思います。「いつも、５９６３」

なんの話でしたっけ……。そうです、金型です。
なによりも金型はとても高価な品物です。一つの金型で何百万円もします。
しかも金型は贅沢品扱い。固定資産税の対象となるのです。

金型を作っただけで、「固定資産税払え」と国から通知が郵送されてきます。

だいたいにして、生きているだけでもお金が飛んでいくのに……。

以前、市役所の人に電話で文句を言ったら、相手は極めて冷静な対応……。

「金型は資産の対象ですので期日までにお支払いください」……、そうかい。

なんとなく納得がいかなくて、納付の用紙が届いてもずっと知らんぷり……。

ほおっておいたら、なにやら封筒が届きます。

眠い目を擦って書面を読んでみると、金融機関の預金を洗いざらい調べつくすとの最終勧告通知書。ん……。差し押さえ……。ビビッて、速攻で納付しました……。

3. 金型費を理解しよう

商品のパーツがたくさんあると、その分金型費用がかさみます。
何十カ所も金型が必要ならば何千万円の世界です。
金型が完成してからプラスチック工場で溶剤を注入してテストをします。
一発ですんなりうまくはいきません。問題点が必ず現われます。
調整するたびに、金型屋さんの工場にトラックで金型を運んでやり直します。
それをだいたい、３回、４回と繰り返します。一つの金型に対してですよ。
もちろん、そのつど修正工賃もかかります。一度の修正で何十万円です……。
もし、金型のパーツが何十カ所もあったら……。博打より恐ろしいです。

車は何千もののパーツの金型が必要です。エンジン一式、足回り、スイッチ、ランプ、椅子、その他もろもろ部品の数々……。ぞっとします。

車を一から全部作ろうと思ったら、何百億円という金型が必要となります。

金型を作って商品を完成させるには、入念な打ち合わせと職人さんのスキルがないとまず不可能です。想像以上に難易度の高い作業となります。

こうした仕事が、日々全国のどこかの工場で行なわれています。

私たちに少しでも便利でより良いものを届けるために。頭が下がります。

商品の金型の他にも、商品に付けるカバー（ブリスター）の金型が必要です（製品の形に合わせたもの）。これを付けると見栄えがとてもキレイです。

その他に必要なものはこちらです。

商品台紙、パンフレット、ＰＯＰ、バーコード、ＰＬ保険、商品説明書等。

そして、何千ロットにもおよぶ商品の量産です。

ですから、企業が商品化して売り出すときには、とても慎重になるわけです。

もう、お気付きでしょう。

特許を出願する前に大事なこと。

それは、商品化に向けて取り組む際には、いかに金型のパーツを少なく済ませるかが、〝カギ〟なのです。

そのことを念頭におかないで闇雲に特許を取っても、メーカーが金型製造の段階で商品化を断念する可能性があるからです。企業は考えてしまいますよね。

当然です。採算が取れなければもちろん商品は作りません。

仕切り（卸し）価格が数百円程度で金型費が何千万円になったのでは……。

アイデアが浮かんでも普通の人は金型のことまで考えません。

私自身、金型のことなど眼中にもありませんでした。

それどころか〝金型〟の漢字も読めませんでした。ん、〝きんがた……〟

見積書をはじめて拝見したときなんか金額に驚き、口が開きっぱなし……。

ただでさえ、だらしのない口元なのに……。

そこは遺伝なので、ほっといてください……。

4．商品化は自分でもできる

金型の数。本当に大事なことです。

これから商品を考えているのであればいくつ金型が必要なのか、企業側に立って考えるべきです。それがポイントです。

信頼できる金型設計の会社を見つけ、事前に金型の数がいくつ必要なのかを確認しておきましょう。

では、特許を受理されて売れそうな商品の企画書をメーカーに送っても、全く返答がなかったら……。

「やっぱり無理かな……」と、諦めますか。

いやいや、諦めるのはいつでもできます。

メーカーに企画書を送るも、どこも商品化してくれない！

だったら、己で商品化して全国に売ればいいだけです。

「アホか……」って……。

なんの変哲もない茶碗を全国のお店に卸すことは無理な話です。これまでになかった便利で斬新な商品なら別。

「さっきの金型の説明だけで気が遠くなるわ」と怒られそうですが。

しかし、私は自分で商品化して、実際に全国各地へ販路を広げてきました。

無名メーカー。しかも、商品アイテムはたったの一つです。

「ぐるぐるとって」のみです。

「どうやって全国に広げたの……」って……。

ここで全部教えたら最後まで読んでいただけないですよね。

だから大いに引っぱります。

終わりまで読んでいただければ〝なるほどね～〟と思いますよ。

最後までこの本を読んで、～読んで～

「読め読め詐欺」と、思われたところで、私の周りの人たちはこう言いました。

「はあ……。一人で商品化して全国の量販店に納品なんかできないって」と……。

何を言われようが私は揺るぎない自信がありました。すばらしい商品なので必ずお店に陳列できると……。

案の定、商品が完成してから半年であちこちに納品できました。

そこです。私ができるということは誰でもできるということ。

自分の考案した商品が全国のホームセンターに陳列されていたらうれしくないですか。

私はすごくうれしかったです。

さすがに衝動買いはしませんでしたけどね。

5．一人でも商品の販路開拓は決して難しくない

現在も、従業員は誰もいません。弊社は私のみです。

誰かを雇うことがどうも性に合わないものでして……。

「一人でなにもかもできるのか……」って……。できています。

弊社に電話をくださったお客様は、契約している秘書センターのオペレーターに転送されます。電話の内容は、私のメールアドレスにコールセンターの方から送られてきます。

したがって事務員さんは不要です。

商品在庫は、すべて某配送センターに保管しているので、発注があればメールで住所を知らせ、お客様へ送ってもらうだけです。商品を保管しているスペースにもよりますが、1カ月数千円で済んでいます。まあ、こちらは交渉次第です。

ファクスも、もちろんパソコンで済ませています。ネットでファクスサービス会社が検索できます。私は、E―FAXドットCOMを利用しています。

ですから、携帯電話とパソコンがあれば、どこでフラフラしていてもいいのです。

例えば、問屋さんから携帯に電話をいただいたとします。

「もしもし、昭和ワールドコーポレーションの遠藤です。今、韓国でチゲ食べていました。ヒヤぁ～、エライ辛いっす。あっ、ところでご注文でしょうか。いつも有難うございます。よかったら本場のキムチ送りますか……」と、こんなことも可能です。

韓国のみならず、首長族の村でホームステイをしていても、ヤリを持って裸族と踊っていても、電波が届く地域なら問題はありません。

高い家賃の事務所なんか必要ありません。だいたいにして事務所にお得意様が来たことすらありませんし。

ちなみに、弊社の事務所兼倉庫の家賃は3万円です。駐車場10台込みで……。

もっと安くならないか交渉しているのですが、大家さんにいつも嫌な顔されます……。

それはともかく、販路の営業は、化学が不得意でも、因数分解の意味がわからなくても、女好きでも、問題はありません。私のことだと思ったでしょ……、女好き以外は……。

本当に拡販は、素敵な商品と、ちょっとのコツと信念があれば問題ありません。
今からなにかを発明しようとしている方、特許は持っているけれど、商品になっていない方、時間がかかってもいいじゃないですか。商品ができるまで諦めない気持ちが大事なんです。必ずうまくいきますから。最も大切なことは自分を信用することです。
自分の考えた商品が全国のお店で販売されていることを想像してみてください。
「その商品、私が作ったの!」と、周りの人たちにプチ自慢できますよ。

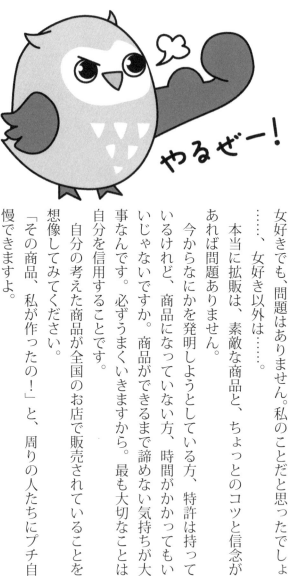

次のページからは、商品化までの私のエピソードになります。商品陳列になるコツをちょこちょこ書いていきます。

6. 割り箸でツボ抜き

商品を作ることになったきっかけはワカサギの腸と説明しましたが、その前に……。

当時18歳。福島駅前の居酒屋でアルバイトをしていたときのことです。

担当は、焼き台。水槽からイワナを網ですくい、割り箸を口から突っ込んでグルグルと内臓を取り出して焼いたものをお客様に提供していました。

刃物を使わず、割り箸を使って魚のエラと内臓を取る「ツボ抜き」と、いう方法です。

生きたままエラと内臓を取り出すとき、「う、ゲボっ……」って、魚の口から聞こえてきます。やったことのある人ならわかるはずです。

ちょっと気になるのがグルグルと魚の内臓を回しているとき、やたらと魚の目が合うんですよ。「なにするんだ！　おい！」と睨まれます。そして、刺されたらすごく痛そうな長い串差しで脳天を〝ブスッ〟とひと差し。

グネグネに体を折り曲げてとどめに胴体にもう一本。〝ブスッ〟焼き上がったときに泳いでいるような形にするためです。顔じゅうは塩で覆います。目は塩でヒリヒリでしょうね。これ、塩を振るとキレイに魚が焼けるのです。

そして、最後は生きたまま火あぶりの刑です。魚も最初で最後の体験です。

こんなこと生きている間に何度もやられたらたまったものではないでしょうけど……。

焼いていると〝ピクピク〟動きます。焼かれてはしゃいでいます。

この魚の立場だったらゾッとしますね。内臓をエグり取られ、炭火で焼かれ。

割り箸を用いた〝ツボ抜き〟は、渓流に生息するイワナ、ニジマス、ヤマメ等、皮の厚い魚のみにできる方法です。ですから、サンマやイワシではすぐにお腹が破れてしまいます。もちろん、割り箸でワカサギの内臓は取れませんし、サバではエラが強固なので割り箸がすぐに折れてしまいます。要するに、割り箸ではすべての魚に対応できないのです。

私はこの経験を思い出し、商品開発のヒントになると考えたのです。やり方は同じでも、丈夫で耐久性に問題のない材質。食品衛生法に触れることなく、半永久的に使えて子供でも安全に行なえること。家庭で食すあらゆる魚に対応できるものをコンセプトに掲げて取り組むことにしました。

さあ、その行方は、……。

7.「ぐるぐるとって」試作開始

当初、割り箸で取れるのだから、たかがしれたことだと侮っていました。

まずは大量に菜箸を買い込み、形状作り。菜箸にいろいろな突起を張り付けてみることに。しかし、これがまた何をやっても魚の内臓が取れない。

割り箸を使うと内臓が取れるというのは素材が材木で絡みやすくて滑りにくいから。衛生上に優れたステンレスやプラスチックだと滑ってしまうのです。

ステンレス棒の表面にヤスリであちこち切り込んでグルグル魚の口から回して試した

り、ハサミの先端に返しを付けて魚にねじ込んだりしてもことごとく失敗。魚を頻繁に購入しないといけなかったため、いつも家の冷蔵庫にはズタズタになった無残な魚が溢れていました。ゴチャゴチャに身が崩れているので美味しそうには見えませんし。

当時の夜のおかずはボロボロになった魚のオンパレード。

うまくいかなくて心もボロボロ。憂うつになりかけていました。

まあ、今だから笑えますけどね。

かれこれ1年〜2年。休日には試作に時間を費やしました。

途中、何度も何度も心が折れそうになりました。それもそのはず、キッチンのシンクは毎週血だらけ。何をやってもうまくいかない……。

「やっぱり、無理なのかなあ……。キッチンメーカーや釣り具メーカーにも作れないのにできるわけがないか……」と、途中弱音を吐くことも。

しかし、3年経ったある日のこと、事態が一転します。

何気なくプラスチックの棒に輪ゴムを巻き付けてグルグル回してみたらば……。

〝スルッ〟と内臓が取れたのです。

「エッ、……。なんで、……」と、思い、しばらく考え込みました。

ゴムが突破口になると確信したそのときから、ゴムを買いあさりました。チューブのゴム。ゴムシート。ゴムパッキン。シリコーンゴム。確実に内臓を取ろうとしてゴムを覆いすぎると魚の腹が破れてしまう。覆うゴムの面積が少ないと魚の腹は破れないが内臓は取れない。ゴムの面積が広いと魚はすぐにズタズタ。おかずいき。

いろいろなゴムをネットから取り寄せては張り付けました。

どのように巻けばいいのか、厚みは、長さは、ゴムを貼るのにあたって、適した接着材は、もちろん、誰も教えてはくれません。

この頃、指先は接着材でいつもカピカピでした。たまに親指と人差し指が接着材でくっ付いてＯＫサインみたいになったくらい……。

全然〝ＯＫ〟じゃないのにね。

8. 最強の敵はサンマ

最悪なのは、サンマ。口が小さくお腹が柔らかいサンマは、あっという間に穴だらけ、……。

しかも、秋に獲れるものは脂がのっていて内臓もパンパンなのです。

グルグル回すとすぐにお腹がゴチャゴチャに裂け……、ああ～～

「サンマのエラと内臓が取れなくても、他の魚のエラと内臓が取れればいいのでは……」って……。

それではダメなのです。

まあ、自分が勝手に決めたことなのですが。どうせ作るなら、家庭で調理するすべての魚に対応したものを作りたかったのです。

サンマのエラと内臓をキレイに取り出せれば、他の魚は

確実に取れると確信していました。ただ簡単には事が進まない……。

　そして、週末。悲惨な姿のサンマの山……。

　食べれば美味しいのですが、食欲は失せます。

　何度サンマに問いかけたことか……。

「なんでお前の内臓はキレイに取れないわけ、何か言え……」と。

　ウソ。私は福島なのでもちろんこんな口調ではありません。

「なんでぇ〜、オメょ〜、ナイゾウキレイに取れねんだでぇ〜、なんかしゃべってみろでぇ〜」こんな感じ……。

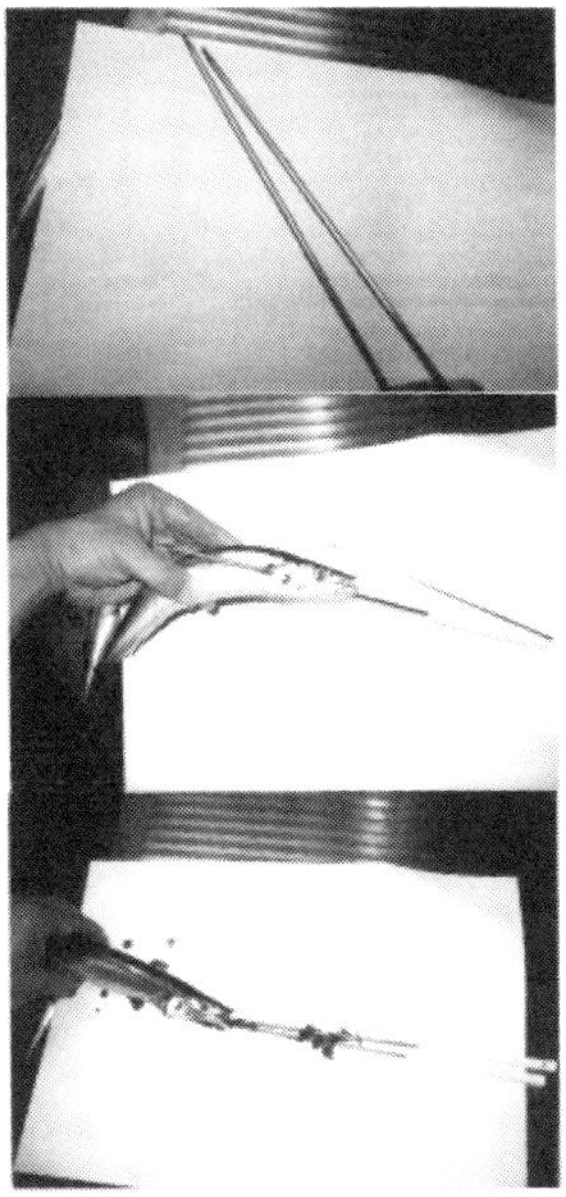
＊ステンレスの棒に切り込みを入れるも失敗

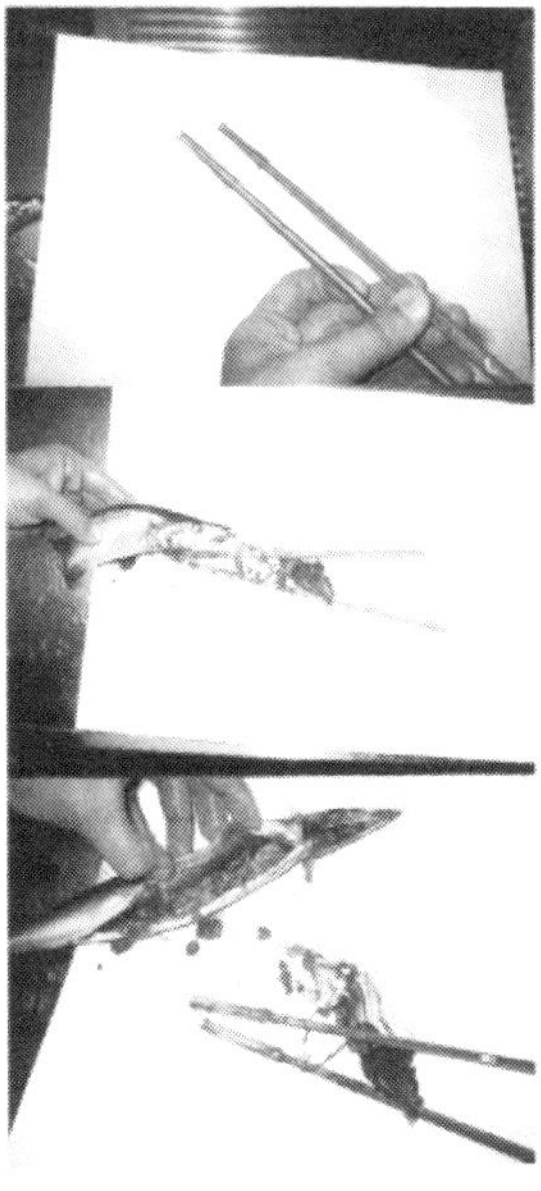
＊箸の先にゴムを貼って試みるも失敗

多分、私は世界で誰よりもサンマにつぶやいた男です。

「自慢にならない」って……。でしょうね。

サンマは口ばしが黄色で逆さにして〝ピン!〟っと、立ったら新鮮で脂がのっている証拠。目は透き通っているものを購入してくださいね。

ですから、新鮮なサンマを選ぶときには頭付きのものを買った方がいいです。

またなぜか、こいつには胃袋がありません。胃ガンとは無縁です。

刺身で食べるときはアニサキス(寄生虫)が生息しているときがあるのでご注意を。

白くてヒョロヒョロしています。食べたら地獄です。特に生サバには要注意。

〆ていても危険です。アニサキスは青魚が大好きでよく寄生しています。

焼いて食べれば問題はありません。

昔、私の家に寄生していた女性がいました。今思えば焼けば良かった……。

この頃は、寝ても覚めてもサンマの内臓のことで頭がいっぱいでした。夜はサンマでお腹いっぱいでした……。臓器のことばかり考える毎日。うまく取れなければサンマにガン飛ばしたり……。と、思えば、やさしく話しかけてみたりして……。

そして、またサンマを購入。はい、もちろんサンマのお腹はゴチャゴチャ。

「もう、諦めようか……」

9. 変人が世の中を変えていく

何百回と失敗の連続。さすがにうんざりして何もやらない時期がありました。

でも、頭の片隅にはいつもサンマの臓器が離れません。

しばらくインターバルをおいてから、自分を奮い立たせて黙々と試作に没頭する日々に戻ります。

サンマの内臓にとりつかれた野郎は、世の中で私くらいじゃないでしょうか……。

「実はね〜、あたしもサンマの内臓にとりつかれたよ！」と、言われたらかなり困惑しますが……。

気づいたら、最初の試作から4年が経過していました。

もう、「サンマストーカー」です。

一人の女性をここまで想い続けたことさえありません。

まあ、女性の口から得体の知れない器具を差し込み、グルグル内臓を4年間も取り出し続けたら、今世紀類を見ないサイコに認定されるでしょうけど……。

そして、格闘を続け、とうとうサンマに打ち勝つ日を迎えました。

もし、台所に監視カメラがあったら、再現フイルムは直視したくないですね。見ただけでも疲れがぶり返してきそうですから……。

成功した試作とは……。二本のプラスチックの棒の内側にだけゴムを先端から取っ手の部分まで張り付ける。ゴムの面積は40％くらいならベスト。

「エッ……。それだけ？」と思われるかもしれません。でも、その発想が出てこなかったのです。気づいたら試した魚は千匹を遥に超えていました。

自分でいうのもなんですが、私はなかなかの変人かもしれません。

でも、私はこう思います。
〝変人が世の中を変えていく〟

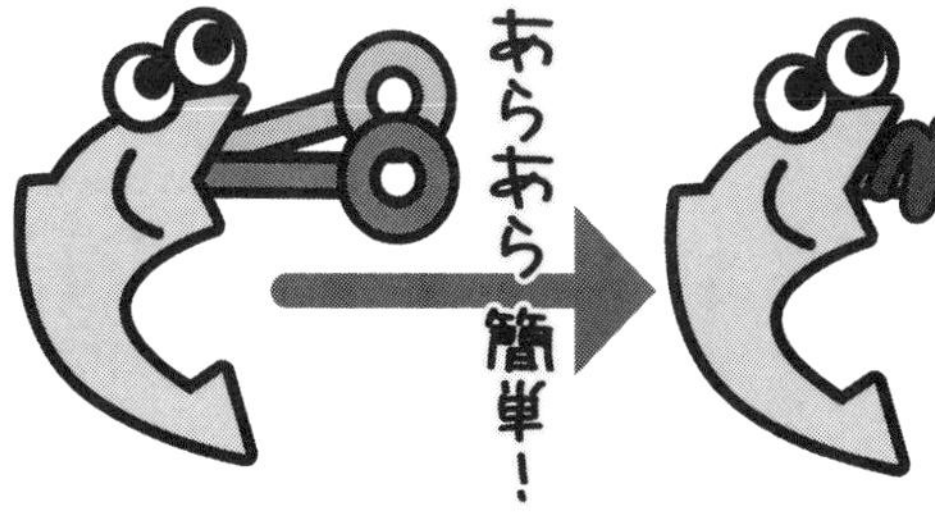

変人といっても気が狂っているわけではなくて、精神力が別格ということです。

こうしている今でも研究者の方々は光のない闇にさ迷い、そしていつか必ず光が差し込むと信じ、何年、何十年と同じ作業を行なっています。

普通の人の精神力では間違いなく気がおかしくなるかと思います。

しかし、そうした方々の努力の結晶こそが今までになかった斬新な商品の誕生につながっているのです。

魚の内臓取り具の開発と彼らの研究を比較したら、もちろん怒られます……。

そして、私はまた試行錯誤を繰り返しながら、より良いものを完成させました。

試作の器具を用いれば、あらゆる魚のエラと内臓を取り出せるように……。これでようやく特許を出願することになりました。うれしい限りです。ここまでの道のりがうんざりするほど長いものでしたから……。

第4章

商品化への道のりと挫折の日々

1．特許出願と拒絶理由通知書

千匹以上の魚と格闘の末、試作品を完成させた私ですが、特許の出願をしてからも戦いがやってきます。

その特許、「出願前にその発明の属する技術の分野における通常の知識をなんたらかんたら……。特許法第二十九条第二項の規定により特許を受けることができない」と、特許却下。

全部書くと書いている本人が睡魔に襲われてくるので、途中の文面はカットしました。通常使わない言葉とかワンサカ出没してきます。

中学校で習う国語の教科書でさえ、３ページも読めば眠くなる体質なのに……。今も睡眠薬は参考書で十分です。てか、小学生の計算ドリルでも眠れます。

拒絶理由通知書

「ちょっと！　いやいや、内側にだけ滑らないようにゴムを貼り、今までにない特徴とする斬新な、……」と、必死でそのアイデアのアピールを書き直し……。

弁理士の方には拒絶理由通知書についての応答要請をお願いすることに……。

祈る思いで再度審査へ。

しかし、しっかりと反論するも特許庁から再び悪夢の拒絶理由通知書が届きます。

マジかよ……。

応答するたびに弁理士への費料がかさむ一方で、不安がよぎりました。

もし、特許が受理されなかったら、千匹以上の魚と費やした時間とお金がすべて無駄になるわけですから……。

正直、焦りましたね。他人が焦っている様子は嫌いではありませんが、自分が焦るのはすごく嫌なものです。

皆さんもそうですよね……。

3回目の挑戦。補正書の提出です。

反論を2回。もう反論する言葉すら浮かんできません

でした。
「もう、勘弁してくれよ」と、投かんから数カ月後。
そして……、「特許証が交付されました」と、弁理士から連絡が入りました。
「やった、やった、やったぁー!」子供のように宙に跳ねました。
特許証が届いたときは、さすがに祝いましたね。
ビールのうまいこと、うまいこと、独りで祝いましたけど、なにか……。

2. 韓国に特許出願した結果

数日後、私は東京の西日暮里にいました。上野に用事があり、たまたま空いていたビジネスホテルがそこだったためです。その夜、西日暮里駅前のもつ焼き屋で、ビールをあおりながら、大好きなシロとタンを注文。ほろ酔い気分で店を出て、ホテルに戻る帰り道、昭和の匂いが漂ってきそうな雑居ビルで、韓国パブの看板を発見。

〝おお〜、コリアン〟

当時、日本では韓国アイドルグループの歌が大ヒット。

腰を振って〝ラララララ、ラララララ、ラララララ、ミスター〜〜〟

そんな可愛い女の人たちがコスチューム姿でいたりして、と、いつものようにアホな妄想を抱きながら、〝カラン、コロン〜〟と、ニヤケてドアを開ける自分。

「イラッシャイマセ〜、アレ、オッパ、ハジメテ、ヒトリ？」＊オッパ（お兄さん）

「そうだよ、ウオッカあるかい」ここからは韓国の人が話している文章（カタカナ）を漢字で書きます。カタカナの方がなんかリアルなんですけど、読みづらいので……。

「ウオッカあるよ」と、年金を受給していそうな小太り姿の韓国のおばさん……。

帰ろうか……と、思った瞬間、奥からぞろぞろと女の人たちが、カウンターの前に漂陸。

その一人の女の人が私にニコニコと話しかけてきました。

「お兄さん、名前は？」

「しんちゃん。だけど、一部の人からは〝元ちゃん〟って、呼ばれているんだよね」

「へえ〜、なんで……」

「それはね、いつも元気だから」

「いいね。じゃあ、たくさん飲もう、わたしの元ちゃん！」うん、元気が出てきた。

「はい〜、わたしは明麗です。よろしくね」。少女時代のオネーちゃんにはほど遠いが、酔っているし、まあ、いいか……。

「かんぱ〜い！、いや〜、明麗ちゃん、キレイだね〜、北朝鮮の喜び組に所属したら、明日からセンターだね、もてるでしょう、てか、彼氏何人いるの、今度ご飯でも……」

くだらない会話を全部書いていたら本が5冊くらい必要になるので、短縮します。

それから、その女の人とカカオトークで数カ月間やり取りをしていたとき、話題が、ぐるぐるとってに……。

「なにそれ、元ちゃん、すごいね、韓国にもそんなのないよ」

「ないのか……」

それ、韓国で販売したら売れるよ、韓国の特許も出願しなよ。わたし、韓国に行って売るよ。マージンちょうだい」

「マジ……」

「あっ、そうだ、韓国で人気のテレビ番組がある。タレントが面白い商品とかを紹介しているの。それに出よう、私が通訳するよ、絶対、話題になるよ！」

「本当……、やってくれるの……、マジで韓国の特許も出願しようかなあ……」
「ぐるぐるとってが、世界中で売れるといいね。元ちゃん」いい女に見えてきました。
「てか、テレビになんか簡単に出られるの……」
「わたし、前に韓国でちょっと女優してた。だから大丈夫、たくさんテレビの人知ってい
るよ」はあ〜？
「ねぇ、元ちゃん、今度、一緒にソウルに行こう。いろいろ素敵な場所教えてあげる」
おい、なんだこの女。好きになりそうなんだけど……。その後再会したときに、あの、
ペ・ヨンジュンこと、ヨン様とツーショットで微笑む写真を見せられました。マジか
……。
「ねぇ、信じた？」
そもそもなんで西日暮里の韓国パブでアルバイトなんか……。
聞けば、美術に興味を抱き、日本の美術専門学校へ。お金がかかるらしく、しぶしぶ夜
のアルバイトをしているとのこと。その後も電話のたびに、熱く商品のことを語るもので
すから、信じて韓国の特許も出願しました。もちろん、自分ではできないので、国際特許
事務所に依頼。韓国の特許事務所を通じて作成することに。もちろん、お金はかかりました。

それから、半年後。韓国から特許証が交付されました。ハングル語なので自分の名前もどこに書いているのやら……。そして、素敵な人に電話で報告。喜んでくれるかな～

「明ちゃん～、韓国から特許証が届いたよ～商品が完成したら、テレビに出ようね！」

「元ちゃん、先月、わたし韓国に行ったの。そしたら、その番組終わってた……」

「……」なんだそれ……。

「あとね、わたしは今、すごく好きな人がいる。それと、今度から別の美術専門学校へ行くの。忙しいから手伝えないよ。韓国も行けない。ごめんね……」

「……」どこまで凹ませたら気がすむんだ……。

「あっ、元ちゃん、ところで、お店にいつ来る？　同伴しよう」

「……」

現在、その韓国の特許証は、部屋に飾られております。

韓国の方向を見つめながら、寂しそうに……。

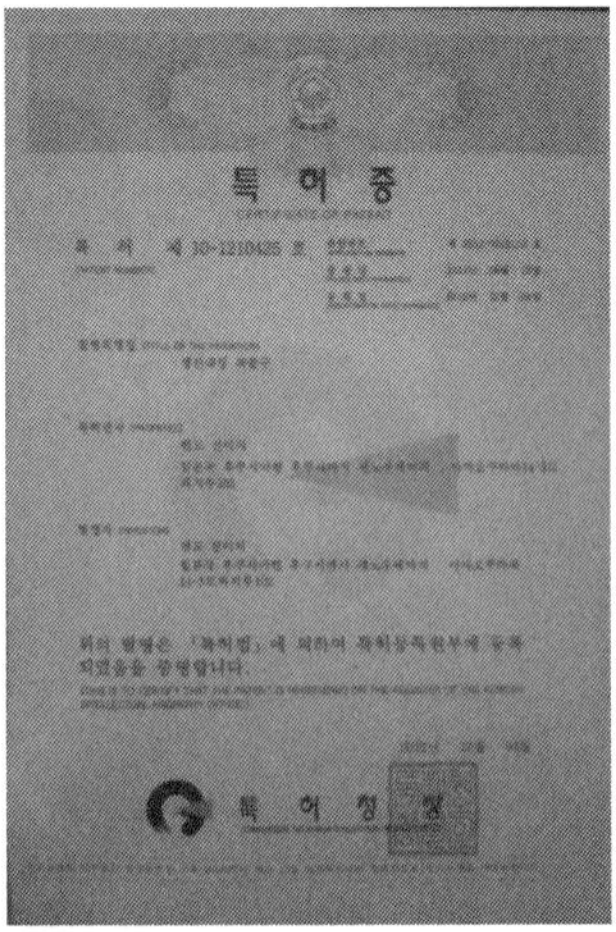

3. 企業への売り込みと壁

私は商品企画書を作成し、国内のキッチンメーカーや、雑貨メーカーに資料を郵送しました。プリンターのインクにも妥協しません。

今までプリンターのインクといえば、アマゾンから購入する安物インクでしたが、純正インクに変えたほどのチカラのいれようです。

あまり違いは分かりませんでしたけど、なんかいい感じです。

商品化契約にあたり実施料はいくらに設定してもらおうか、商品がヒットしたら節税はどうしようか。夢が膨らみワクワクしたものです。

「見ていろよ、過去にオレを振った女ども！」独り言です。

そして、資料を送って数カ月。

思いもよらない返答がメーカーさんから届きました。

「プラスチックの形状が細長く製造するのは極めて困難で作れません」

困難……。はあ～？

それからも「商品不可」との回答で封筒が次々に郵送されてきました。

「無理です」と……。

無理……。

これでは昔の女どもが私に言い放った最後のセリフと同じではありませんか。

忘れ去りたい過去を思い出させてくれやがって……。

実施料もクソもありません。

だってそうでしょう、商品すら作ってもらえないのですから……。

その後も、ネットでメーカーさんを探しては商品企画書を送り続けましたが、結果はすべてお断りの返事。呆然でした。

全く前へ踏み出せません。「どうすっぺ……」

為す術がない自分。時間だけが過ぎていきました。

しかし、諦めかけていたある日。資料を送った企業から連絡がありました。

「是非、弊社で商品化して販売させてください」と……。

安堵。安堵です。

それから商品化に向けて取り組みたいと、数社が名乗りを上げてくれました。

いいねー。やっぱり、魅力のある商品なんだな、と急に鼻高々……。

そして、商品化に向けた試作品の製造をお願いしました。

待つことそれから数カ月後……。

あろうことか、すべての会社から断念の連絡が入ってしまうことに……。

4．商品化の危機と生ビールのうんちく

原因は細長い形状に加えゴムを内側だけに貼り付けること。

「あまりに細い形状のため、ゴムが剥がれてしまいます。提携するあらゆるプラスチック工場と協議を重ねましたが、商品化は不可との結果となりました。残念ですがご了承ください……」と。

期待していたすべてのメーカーさんからこのようなコメントを頂戴することに……。

その手紙を読みながら、私にできる唯一のこと。それは、飲酒。

「かんぱ〜い」いや、そんな気分ではありません。

お断りの文面を読みながらのビールの味といったら……。まあ、美味いです。

その当時のことを思い出すとちょっとブルーになるので話は別の話題へ……。

ノーベル賞ってありますよね。私から言わせれば、本当のノーベル賞に値するものは、まぎれもなく、はじめてビールを作った人ではないかと……。

ちゃんと特許があればボロ儲けだったでしょうね。

てか、ビールの諸説では紀元前8千年頃にはあったらしいです。

古代人にとってビールは神聖な飲み物だったとか。

これは、今の時代も同じことですが……。

楽しいときも、つらいときも、健康ランドの風呂上りでも、やっぱりビールですよね。

世界中でこんなに愛されている飲み物がありますでしょうか。

ビールといえば、生ビール。生ビールって、飲みほした後に泡がいくつかの輪になってグラスに残るときがありませんか。

それって、「エンジェルリング」っていう呼び名があるのですが、知っていましたか。

なにより、生ビールが新鮮な証拠。場末のスナックや流行っていない居酒屋に行くと、お客さんの出入りが少ないので樽の中のビールが古くなり、キレイなエンジェルリングが

プハァ〜
今日も仕事で
ドジったけど
どーでもいいや〜
ビールが飲めれば‥

できないのです。

お店に入店した際、生ビールを頼もうかと思ったときには、先に席について飲んでいるお客さんの生ビールグラスを〝チラッ〟と覗き見すればいいのです。

エンジェルリングが見えないときは瓶ビールにシフトチェンジ……。

それと、樽からビールサーバーへ届けるチューブの色を見てください。

変色して汚れていれば飲まないのが吉。本来であれば、毎日営業が終わってからチューブに水通しをしてキレイにしないといけないのです。

チューブが真っ黒ならパスですね。

黒の生ビールだと、チューブの汚れが分からないのでギャンブルかも……。

5. 素敵な背後霊

すでに、特許証をいただいてから1年が経過していました。

「このままじゃ前に進まない……」

特許が交付されたのに、作れるメーカーさんが現われないとは全く予期しませんでした。

正直、精神力は強い方ですが、このときばかりは凹みました。

ちなみに、福島県内で特許が受理されるのは個人では年間数人程度。そこから商品化になるのには３００件の特許に対し、１件だそうです。微妙ですね。

千三つの世界です。

仮に特許証が発行されても商品化の道のりを考えず、後に路頭に迷っているケースがほとんどなのかもしれません。これは私がそうでした。

もう、どこの家庭用品メーカーさんにお願いしても製造はしてくれそうにないと悟りました。そして、私が決断した行動とは……。

「自分で商品化して一人で全国の量販店に展開する」

大抵の人は無謀だと思うはず。だって、今度は製造してくれるプラスチック工場を自ら見つけないといけないのですから……。
要するに、自分で金型を起こして、量産してくれる工場を探すということ。
果てしない道のりの出発でした。でも、必ずやり遂げられると思いました。
まったくもって何の根拠もありませんでしたけど。
でもなんか、〝ポン！〟って、
「お前なら大丈夫、やってみなさい」
と、誰かがそっと自分の背中を押してくれているように感じました。
「それって、背後霊」って……。
そう思います。素敵な背後霊です。
今思えば、亡くなった父だったのかもしれません……。
私のことをいつも信じていてくれた素敵な父でした。
そしてもう、一人でやると決めた私に迷いなど全くあり

ませんでした。

「この商品を店頭に並べたい」いや、「必ず、この商品を全国各地の店頭に並べる」と、自分に言い聞かせました。

目を閉じれば、店に陳列している風景がはっきり見えたくらいです。

私はいつも前向きなんです。女性にフラれたら、「結婚する前にフラれて良かった」と、思います。結婚してからフラれたらもっと面倒ですよね。

「じゃあ、結婚しているときにフラれたら……」って……。

2度も結婚できるチャンスが来た！　と、喜びます。

「じゃあ、2度目の結婚のときにもフラれたら……」って……。

3度も結婚できるチャンスが来た！　と、喜びます。

私の人生はいつもチャンスとチャレンジ精神に満ち溢れています。

さあ、いよいよ商品開発に向けて出発です！

6. 商品開発奮闘白書

私は、全国のプラスチック製造会社に電話で事情を伝え、商品の概要と仕様書を送りました。

しかし案の定、製造を依頼した全国の何百の工場からダメ出しされてまた路頭に迷います。はい。この頃になると業者から断られる免疫ができてきましたね。

若い頃、ナンパしてもまるで引っかからなかった経験がここでいきてきました。ただではくじけません。私はしつこいですから。ハイターにも負けないカビみたいなものです。

でも、変なあだ名は付けないでくださいね。

「カビエンドウ」とか……。また、話が飛びました。話を戻します。

プラスチック製造会社の方が言うのには、「形状が細すぎて成形が困難であり、金型から取り出した際に製品の先端部分が反ってしまうのと、取っ手の部分がヒケ（形成収縮によって生じる凹み、窪み。合成樹脂製品にみられる現象）てしまうから困難」だそうです。

実は、この「ぐるぐるとって」の製作過程において、最も難しいのはプラスチックとゴムの密着なのです。

プラスチックとゴムを密着させようとするとプライマー処理(下塗り塗装。上塗作業に適した溶剤)が必須になります。あとからパリパリ剥がれないようにするため……。

しかし、「ぐるぐるとって」は家庭用キッチン用品です。

プライマー自体が猛毒ですので、食品衛生法に触れてしまいます。そこで、調べたのがダブルモールド(二色成形)でした。

簡単に言いますと、異材質どうしを組み合わせて一体に成形することです。

材質の違うものをくっ付けてしまう優れた成形機械のことです。

そして私は、無我夢中で二色成形の製造ができる工場をサイトで検索しました。

「二色成形のことなら何でもおまかせください!」と、ホームページに書いてある会社に電話してみても、ことごとく断られました。

昭和ワールドコーポレーションの
エンドウでございます
おたくの受付事務の女性って
彼氏います?

「その形状ですと……。ちょっと難しいですね……」

それでも、必死の思いで電話をかけまくり交渉に臨みました。そしてなんと、「詳しくお聞きしたい」との会社が現われました。頑張れば光が見えてくるのです！

私は、その会社に期待を抱き、仕様書を持って吹っ飛んで行きました。

7. 営業マンを見極めることが大事

ネクタイを締め、いざ！　はやる気持ちを抑えきれずにはいられません。

私は、そのプラスチック成形加工会社に出向きました。

そして、そこの工場長が現われて私の試作を手に取り、冒頭放った言葉がこれ。

「こりゃあ、難しいな。失敗しても大丈夫……。プラスチック以外でやったら……。ちょっと他の従業員にも聞いてから返事するわ」と、耳を疑う自分……。

その後、何回かこちらから電話をかけるも、「なんだよ。今忙しいんだよ。後から連絡するわ」と、やる気のない返事。

それから何カ月待っても、全く音沙汰なし。

そこの工場長の特徴は、ものすごく肥満で、前歯は、スキッ歯、靴も汚れていました。

私とまるっきり真逆な人でしたね。

また、次の日から他の会社に電話とファクスで資料を送ると……。

「こられますか……」とりあえず行きますけど……。

不安に駆られながら、そのプラスチック成形工場にも行きました。

これも驚きました。そこの営業の方から出た言葉です。

「こんなの売れるとは思えない。意味が分からない。こんなの簡単に作れるよ」

「……」しかも食事の後だったのか、チューインガムをモグモグ……。

人間的にも疑問を感じましたので、お断りしました。そこの担当の方の体型も不思議と前の工場長とまるっきり同じでした。

ここで皆さんに知っていただきたいことがあります。

中には、成功、不成功に関係なくただ製作し、失敗してもお金だけ請求する会社があります。しかも、その金額は高級車が購入できるくらいの金額です。

金型の製作、製品を量産するときには、納得するまでいろいろな会社に足を運び、信頼できるパートナーを見極めなくてはなりません。

失敗しても裁判で負けない処置をはじめから打ってくる輩もいます。

そして、いつものように何気なく、「二色成形」でサイトを検索していたら、地元の福島県で偶然見つけた会社がありました。エッ……、こんなに近くに……。

しかも、大手企業の下請けも手掛けているではありませんか。

それでもダメもとで資料をお送りしました。

そして、数日後……。

そこの営業の方がわざわざきてくれました。すでに見積書も作成してくれていましたが、拝見してびっくり。

事細かく何通りものロット数に応じた経費等が分かりやすく、また、丁寧に何枚にも綴られてキレイに書かれておりました。

直感で〝ピン！〟ときましたね。

「ここだ！」

8．灯台下暗し

「形状が困難で、私たちスタッフも資料を拝見して最初は断念しようかと。でも、他では決してマネができないと判断しました。相当難しいですけど、必ず完成させます。やり遂げます」と、自信に満ちたお言葉でした。

その後、私は福島県本宮市にある本社にお伺い致しました。建物もとても立派です。スタッフの方々も真摯に向き合ってくれました。

私は迷うことなくこの会社に託すことにしました。

その会社とは、コバテック株式会社様です。

自動車メーターの印刷、塗装、レーザートリミングをはじめ、腕時計バンドの射出成型、金型成形を手掛けています。

「灯台下暗し」まさにその通りでした。

固定観念で県外の企業ばかりに目を向けてきましたが、まさかこんなすばらしい二色成形機を携えた会社が地元の福島県内にあるとは……。

二色成形の機械は、一台5千万円もするそうです。でも、その成形機があるから何もかもできるのではなく、そこで働いている職人さんのノウハウがないと商品は完成不可能です。

本当に頭の下がる思いでした。

何度も言いますが、生産には金型が必要です。「ぐるぐるとって」の場合、二つのパーツから成り立っているので二つの金型が必要でした。

金型修正工賃を含めると中古のマンションが買えるほどです。

ですが、もう、あとには引けませんでした。何度もそこの営業の方と、射出成形専門の設計の方と相談しながら、金型製作に取り組みました。

それでも問題点は山積み……。プラスチックとゴムには相性があります。

二色成形機で張り付けても相性が悪いとゴムが剥がれ落ちてきます。

何度も微調整と時間が必要なことは聞かされておりました。

でも、私はこの会社のスタッフ方々の技術を信じ、日本政策金融公庫から設備資金を借り入れるとともに、国からいただいた創業助成金のすべてを迷わず金型費に充てました。

１カ月後、いよいよ機械で「ぐるぐるとって」の形となる枠を金型に掘っていく作業に入りました。

そして、待ちに待った1回目の試験生産が開始。プラスチックの溶剤とゴムの溶剤を投入。

成形から取り出したばかりの試作品を、営業の方が何セットか私のところに持参してくれました。そして、はじめての試作結果はいかに……。

ゴムとプラスチックがパリパリと……。

9. そしてまたふりだしへ

せっかくできた金型。商品のゴムは剥がれ、プラスチックはバキバキ折れる有り様。ここは私の力ではどうしようもありません。その工程は、コバテックの営業の方と射出成形専門の設計の方が気概を持って取り組んでくれました。

プラスチックとゴムの材質の組み合わせの中から最高の相性を調べ、接着剤なしで密着する方法を膨大な時間を費やしてやっていただきました。

取り出した製品は成形段取り、ゲートカット、外観検査、印刷、乾燥、そして梱包作業があります。すべてクリアしなければ商品にはなりません。

「商品の完成」。それは、私にできることなんて３割にも及びません。

私は、アイデアと試作を考えただけです。

その他の七割以上は、コバテック工場の方々、射出成形専門の設計の方、金型設計の方、印刷会社の方、ブリスターパッケージ会社の方、弁理士の方、融資先の金融機関、その他多くの人々のお力添えがあってこそ商品が完成できるのです。

射出成形専門の設計の方がおっしゃってくれた言葉があります。

「簡単なら引き受けません。難しいからやるのです。この商品を世の中に出すお助けをします。私たちはチームです」と……。

そのとても有難いお言葉をいただき、どんなことがあろうとも、必ず完成させようと奮い立ちました。

すると、２回目の金型修正後に難問が降りかかります。

それは金型改造の都合上、ゴムの面積が狭くなって魚の内臓がうまく取り出せなくなってしまったのです。

ここまできて、さらに、形状の見直しの作業に取りかかるはめに……。

魚と格闘する日々に逆戻りです。

しかし、私は迷うことなくまたスーパーで魚を購入します。

今まで誰もやらなかったことを必ず成し遂げようと心に誓い、試作再開のゴングを自ら鳴らしました。

営業の方から数ミリの厚さのプラスチックサンプル品をいただき、家で形状作りに没頭しました。

前にいただいていた商品のもととなるサンプルはすべて使い切り、ゴムのグリップ力の代わりにプラスチック先端に凹凸の形状を作ることに……。

この凹凸の高さと数、何十通りも試みました。ヘトヘトになりましたね。

そして、結果はこんなところにも現われます。

家の冷蔵庫の中身です。ボロボロになった魚のストックで満杯状態……。

10. 金型修正の行方

たった１ミリの凹凸誤差の調整。そして、やっとの思いで形状が完成します。また、内臓を絡みやすくするため、棒状の両サイド側に対し、数ミリですが高さを施しました。サンマはほんの数ミリの高さが変わるだけでお腹が裂けてしまって困難の連続でした。試作の段階ではキレイに取ることができましたが……。

問題はその形状で実際に同じ物が、果たして金型修正で可能か否か。

不安と希望の中、３回目の金型改造に突入。

数カ月後、金型修正終了の連絡を受け、いよいよ二色成形機に成形剤を注入して本番。祈るような気持ちでした。

「もう、勘弁して、……」誰でもそうなりますよ。

成形機から取り出したホカホカ出来たての「取り具」。そして、結果は……。

無事成功。早速そのサンプルを握りしめて、今まで苦しめられてきた手ごわいサンマに真っ向勝負。これでダメなら、手首は腱鞘炎で整形外科行きです。

手首が痛くなった原因を、医者になんて説明すればいいのやら……。

そして、いつものように魚の口から差し込み、グルグル……。緊張の瞬間。

結果は見事にエラと内臓が〝スポッ〟っと、取れました。

それと同時に安堵と疲れが襲ってきました。

サンマのお腹を包丁で切り裂いてみたらキレイに空っぽです。

私は莫大なお金と時間をこのためだけに費やしてきました。

正真正銘、魚の臓器取りマニアです。

「どうしてここまでやってこられたの……」と、聞かれたら、こう答えます。

「自分を信じていたから……」途中、もうやめようと何度も思いましたが、今となれば諦めないで良かったと心底思っています。

私にとって、商品が完成したあの日の気持ちは一生忘れないと思います。

この気持ちは、作り手になれば同感していただけるはずです。

途中、震災にも遭いました。ご存じのとおり東日本大震災です。

仕事場の倉庫は崩れ、電気も付かず水もガソリンもない状況でした。

しかし、私は幸いにしてケガを負いませんでしたので、すぐに前を見て歩き始めました。

心なしか震災で大切なことにも気づかされたような気がします。

強い気持ちがあればなんでも乗り越えられるものです。
そして、待ちに待った商品の誕生！。
でも、これで、ようやくスタートラインに立ったばかりなのです。

第5章

ネットショッピングに群がる銀バエには要注意

1. 福島県発明展県知事最高賞受賞

商品を売ってくるエピソードの前に、ちょっとお話ししたいことがあります。

それは、発明家のための発明展のお知らせです。

各都道府県で発明展の開催をしています。

私は、第60回福島県発明展におきまして「ぐるぐるとって」を出品した際に、福島県知事最高賞をいただきました。大変名誉なことです。

他に出品されていた展示品の中で、私の商品に軍配が上がったのは、やはり、商品の便利性だけではなく、商品完成までの困難だった出来事、健康に被害をもたらす放射性セシウム、有機水銀の除去ができる説明も大きな要素

＊出典　福島県発明展

の一つだったと思います。

なによりも、生活に役に立つ品物でしょうね。

これから発明展に出品される方は是非、参考にしていただきたいと思います。

この福島県発明展での受賞をきっかけに、新聞にはもちろん、地元のテレビにも出演いたしました。

サンマの内臓を簡単に取り出すシーン、商品の概要、商品のメリット等。

地元の大手スーパーであります、ヨークベニマル伊達店様の店内で、コミカルな芝居も取り入れて面白い仕上がりとなりました。

それを見てくださっていた方々からも注文をいただきました。

また、ものづくりネットワーク（中学生ものづくりクラブ）の代表であります。地元の中学校教師の猪狩先生からお電話があり、発明展で福島県知事最高賞を受賞した経緯についてお伺いしたいとのことでした。

はじめてお会いしたときには話に花が咲き、とても盛り上がりました。

商品開発エピソード、失敗談。同じものづくりにかける気持ちは同じです。

後に、猪狩先生のご家族の方々とも交流するように。不思議なものです。

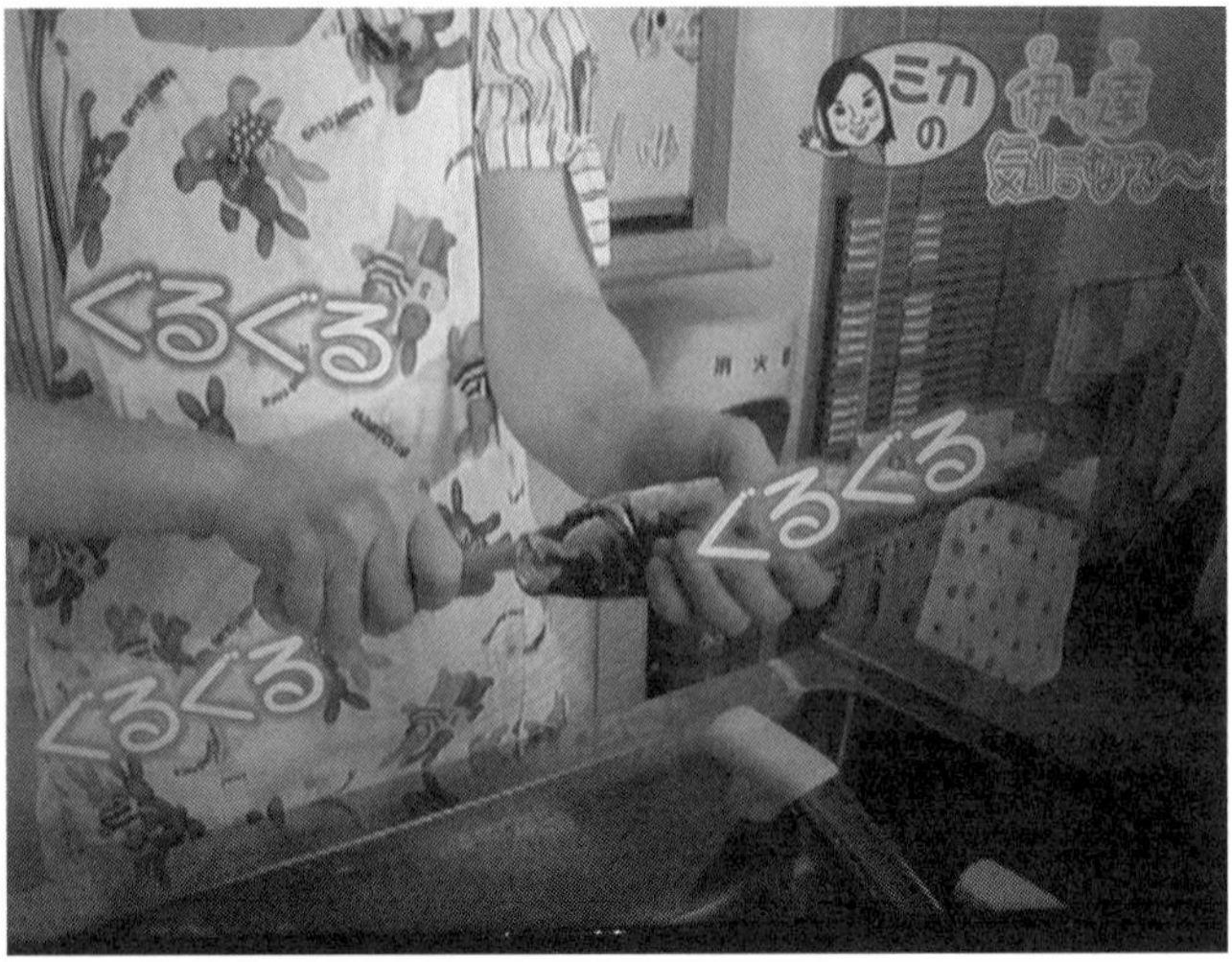

＊出典　伊達ケーブルテレビ

発明展で県知事賞を受賞しますと、いろいろな方々から注目を浴びます。

これも、また、自分の商品を発信できるいい機会になるかと思います。

すでに商品が完成しているのであれば、発明展の審査員の方々の印象も格段に違うかと思います。（※出品には、特許出願中、および特許証の交付が前提となります。）

私はどんなことでも全力で取り組みます。後悔はしたくありませんので。

この発明展の出品のときも、必ず県知事賞をいただくつもりで臨みました。

ですから、出品するのであれば、最大限に商品のアピールをするべきです。

その小さな一歩の体験こそが、後の営業にも繋がってきます。

次は、いよいよ商品を売ってきます。

商品を量販店に並べたい方は必見です。

2. さあ、営業開始

待ちに待った商品が完成。営業開始です！

はじめに取りかかったことは楽天市場での販売です。こちらはやったことのある人ならわかりますが、結構面倒です。パソコンが苦手な私にとっては四苦八苦でした。楽天ホームページの商品画像作成、商品管理、その他もろもろ。

サイトの運営にあたり、最終段階で試験もあります。

これ、合格しないと前に進めません。まあ、なんとかなりますけど。

それに出店費。安くはありません。出店したからといって、売り上げ増加の保障など、もちろんありません。

だいたいにして、皆さんも知っていると思いますが、とにかくものすごい店舗数です。

仮に「ズボン」と検索したらわかるように、とんでもない量のズボンがヒットします。

楽天市場に登録しているズボンをすべて拝見したらウンザリしますよね。

自分のショップは出来る限り、上の位置で売りたいと思っています。

お客様がすぐに検索できるように。

「じゃあ、上に出せば」って……。

しかし、これがまた金がかかる。

上の方に持っていくためには、楽天側にお金を支払わなければなりません。

これがまた高額なのです。資本金がないと無理です……。

お金をいかに合法的にむしり取るか。

楽天の三木さん、あまりに頭良すぎます。

例えば、シメ鯖を売りたいとしますよね。そうすると、キーワードとして、「サバ」、「シメ鯖」、「サバ寿司」等、お客様が検索しそうなワードを予め予想して、この3つのワードを登録すると自分のショップが上がってきます。それでも1番上のページでお客様に閲覧してもらうには相当な金額が発生します。
じゃあ、「ぐるぐるとって」の場合はどうします。
「魚内臓」、「魚エラ・内臓取り」、「ぐるぐるとって」……。
いったい誰が検索するのでしょうか。他に何も宣伝なんかしていないのに。
何もしないよりはいいのかと、これらのキーワードの検索を申し込みました。
とりあえず出店することに。お金もだいぶ投資しました。
「さあ、果たして売れるのか」……。商品アイテムは「ぐるぐるとって」のみ。
そして、オープン。
その結果は、いかに……。

3．仕事にならない電話の嵐

出店してから間もなくのこと。電話が頻繁に鳴りっぱなし状態に。

「ＢＳテレビの○○番組で商品を売りませんか」

「いくらかかるの……」

「格安キャンペーンを行なっています。特別コーナーを設けさせていただいております。今ならたったの50万円です。格安です！」たったの……。

「……」

格安……。黙りこむ自分。

「弊社の番組は多くの方がご覧になっています。出演のタレントも有名人です」

「聞いたことも見たこともないですけど……」

「あのですね、私どもの会社はですね、……が、……で、ペラペラ……、いかがでしょうか」

話す。話す。うんざりして電話を切ると……また電話が鳴ります。

「もしもし、弊社はコンサルタントの業務を行なっております。これからの対策といたしまして……、ペラペラ……、いかがでしょうか」

まず最初に、あなたから電話がこない対策をしたい……。

「コンサル……。はあ……。どこのサル……」

その後も……。

「ネットショッピングで出店しませんか……」今、しているってば……。

「やらない……」

〝プルルル、プルルル、……〟

「こんにちは〜、売れるホームページ作ります！」売れなかったら金返してくれる？

「お金ありません……」〝ガチャ〟電話を切ると……。

〝プルルル、プルルル、……〟

「社長さん。……、拝見しました！　いい商品ですね！　新聞に掲載しませんか。人気のある枠がたまたま残っているんですよ。今なら特別で……」毎日特別なくせに……。

「人気がある枠なら残らないと思いますが……」

「もしもし、私どもは主婦の方向けに豊富なデータを……」弊社の商品はマニアの方向けですので。

「はい。考えておきます……」

そして、次の日、

「先日、お電話をさせていただきました主婦の方向けに豊富なデータを……」

「しつこいな……。遠慮します」

4. ネットショッピングの罠

その後も、毎日、毎日、電話がかかってきます。すべて営業の電話です。

胡散臭い業者もわんさか。てか、ほとんどインチキです。

その会社名をネットで検索しただけで、「詐欺会社」、「ブラック企業」、「騙されました！」、「皆さん、この会社に気を付けて！」等々。

まあ、でるでる。でるでる。インターネットがあって良かったと思いましたよ。

私も身をもって知りました。すごいです。ネットショッピングに群がる銀バエです。

きっと、楽天市場に出店したばかりのお店は売り上げがないので、こうした企業に言われるがまま契約したりしてしまう店舗もあるのでしょう。

とは言いつつも、私も週刊誌に掲載したことがありました。

この頃の電話の営業でした……。

でも、その雑誌は、皆さんも知っている有名なもの。

「きっと、反響ありますよ～」と、囁かれ、信じるがまま広告投資をすることに……。

そして、掲載した結果は……。はい。注文ゼロ……。ウソだべ……。

笑えませんよ。10万円も出費したのですから……。

はっきり言って、効果はありません。効果があれば、そんな出店したばかりのお店に電話をかけてはきません。掲載した自分が言うのもなんですが……。

失敗した先輩経験者が書いています。

ひどい業者もいました。

ドスのきいた声で、

「あの～、以前、新聞に掲載していただいた広告費がまだ未払いなんですよ。明日までに払ってくれます」はあ……、どこに電話しているの……。

「掲載なんかしていませんが……」

「あ……、間違いなくしています。前に電話して確認は取っています」なに……。

「どこの新聞……」

「○○経済新聞ですよ」経済新聞なんか人生で一度も読んだことねーし。

「知らないし」

「このままですと裁判になるけど、よろしいでしょうか……」なんだ、こいつ……。

「だから、掲載していません。掲載したっていうのならその新聞送ってよ」

「明日までに払ってくれるということで……」いつか車にひかれますように……。

「あのさあ……」

会話がかみ合わないので電話を切りました。きっと中には広告をあちこちに出して支払うのを忘れたと思い込み、振り込んでしまう方もいるのでしょう。

「広告料払え払え詐欺」ふざけた人間がいる現実です。気を付けてください。

5. テレアポ開始

こうした営業の電話は無視した方が得策。

そして、弊社のようにアイテムが一つでマニアックな商品の場合、出店はおすすめしま

せん。なにより、品揃えのない新規参入は自殺行為です。アイテム数がたくさんあるのであれば、ついでに自分のショップの商品をいろいろ閲覧してくれて注文もあるかもしれませんが……。

その後、アマゾンでも出店しましたが、注文は全く音沙汰なし。

当然といえば当然です。ただ出品しても誰も検索なんかしません。検索してくるのは、ネットを徘徊しているウザイ業者の連中くらいです。

「ぐるぐるとって」のネットでの販売開始から2週間。売上げはゼロ。

なんだこれ……。

借金を背負っていましたから寝ていられません。私はまず、全国のホームセンターのバイヤー様にパンフレットと商品の概要をお送りしました。

黙々と茶の間で封筒にパンフレットを詰める地味な作業をこなす一方で、時間があれば、地元の釣具店、鮮魚店、飲食店へ営業に行きました。

これがまた、あっさりと釣り具店には納品できることに。

「いいね。これ！」と地元の釣具店の店長さん。

その場でごっそりお買い上げ。即決です。

自信が少し湧いてきましたね。

そして、全国のホームセンターのバイヤー様にも電話をかけまくりました。

「すみません〜、バイヤー様はいらっしゃいますでしょうか？」

決まって返事は、

「ただいま、接客中です」

「ただいま、出張中です」

「ただいま、……です」

いつ電話してもまず繋がりません。商品のバイヤー様はとても忙しく、なかなかつかまりません。

単に無視されているのかもしれませんが、……。

てか、アポも不可能です。

でもまあ、私がそんなことくらいで引き下がるような柔な精神の持ち主ではありませんけど、……。私は繋がるま

「ぐるぐる
とって」は
いかがでしょうか
すてきな
商品で
ございます！

でしつこく電話をしました。

「もしもし～、魚内臓取り具はいかがでしょうか。他にはない斬新な商品……」

「いらね～」あ～そうですか～。バイヤー様はあなただけではないもんね～。

気を取り直し、他のお店にも電話をかけます。

「もしもし～、魚内臓取り具はいかがでしょうか。他にはない斬新な商品……」

「直接の取り引きはしておりません」今回だけ！　ダメ……。でしょうね。

面倒くさいモードが伝わってきます。てか、このままではヤバいなと……。

やべー！
どうすっぺ…

第6章

パブリシティのハイエナ

1．テレビ局へ出陣

電話をかけてもダメなら、量販店から連絡がくるようにしようと考えました。まず取りかかったのは、15秒のコマーシャルを配信すること。コマーシャルに流す映像は激安映像製作会社に依頼。そこで、製作した映像を手にTBS系列の地元テレビユー福島へ。

営業の方とお話をした際に、やはり気になっていたのが他局のこと。

「あの～、他のテレビ局に行かれましたでしょうか」。御社に私の好きな女子アナがいるので行きません。

「お見積りを拝見してから考えようかと……」。最初からお願いするつもりでしたよ。もちろん、テレビ局にとってはコマーシャルが一番の収入です。

「今回はサービス致しますので、是非、弊社でお願いできますでしょうか」。いいよ～はじめてのお取り引きということで、格安でやってくれるとのこと。本当かい……。

放送内容は、何パターンかありました。ランダムにテレビ局が決めた時間であったり、比較的視聴率の高い日曜日のお昼の番組の間であったり。

そして、私はいつものように無理を言います。

その提示の本数プラス、お昼の情報番組か夕方のニュースで「ぐるぐるとって」を無料で配信してほしいとお願い。できれば魚を実際に「ぐるぐるとって」で取り出している映像がいいなあ〜と。あまりの無茶ぶりで営業の方は苦笑い。

なぜならばこれ、パブリシティといってレストランやオープンしたてのお店がテレビ局にお金を支払って紹介してもらう宣伝広告のことなのです。

ニュース番組の中でもよくあること。

全国放送で視聴率の高い番組でお願いしたら、わずか数十分で高級車が買えます。

当然、金欠の弊社ではありえない話。

地方のテレビ局でさえ、制作からすべてをお願いしたら数分でン十万円です。

それを私は、「無料で配信してちょうだい」と、ダダをこねているのです。

よく見かけませんか。アナウンサーの人が農家の方にマイクを向け……

「今年の収穫はいかがですか～」

それでもって、農家の方がカンぺのいらないようなセリフを言います。

「今年の桃は甘くて美味しいよ～、上出来だよ～」

あれもパブリシティなのです。

テレビ局にお金をつぎ込み、自分の農園をこれでもかとアピール。

「今年の桃は甘い。最高～」と、配信したら消費者の購買欲が増しますよね。

だから「甘い」のです。アナウンサーの人も「美味しい～」と、言います。

でも、農家の方は、テレビ局に高額なお金を支払っているので、「甘い」仕事ではないように見えますがね。そんなふうに思うのは私だけでしょうか。

2. マシンガントークに花が咲く

しかし、これ、全部が全部ではありません。料金を払わないケースもあります。

中にはディレクターがネタに困り、農園を訪ねて放送する場合です。

それはそうと、だいたいにして本当に美味しくて人気があるのであれば、わざわざテレビ局に高い料金を払いますか？

タレントさんが渋谷のとあるショップで、洋服を手にとって「これ可愛い〜」とかのシーンありますよね。なにをかくそう、それもパブリシティなのです。

なんでも可愛くなります。

あげくの果てに、今年のトレンドの色は「茶色！」とかほざいています。

流行っているのではなく流行らせたいのです。

まったく、誰かさんと同じくふてぶてしい輩です。

そのふてぶてしい私は、営業の方に何度も番組内で「ぐるぐるとって」を配信してほしいと子供のようにぐずりました。もちろんサービスで。

「今後もコマーシャル配信するから〜、お願いしますよ〜、なんてたって同じ地元じゃないですか〜、がんばろう福島！　ペラペラ、ペラペラ……」

素敵な笑顔でマシンガントーク。悪魔の笑顔に見られていたりして……。

まあ、無茶苦茶なことを言うのは私の生まれ持った性ですから。

困惑する営業の方。

「番組のプロデューサーに聞いてみてください。大丈夫ならばコマーシャルを配信します！　何卒よろしくお願いします！」

受け入れる方はたまったものではないでしょうけど、……。

「はい……、わかりました。プロデューサーになんとか相談してみます……」

「有難うございます！」

それから数日後。メールが届きました。

「魚の内臓はグロテスクなので、実際に取り出しているシーンはできませんが……。視聴者プレゼントということで、50秒のコメントを入れて放送致します」

無茶ぶりマシンガントークが花咲いた瞬間です。タダですよ。やったー。

そう、これが目的だったのです。15秒のコマーシャルでは、あっと言う間に流れて終わってしまいます。1分近くもテレビの情報番組内でアナウンサーの人が紹介してくれるのとは商品の印象が違います。

したがって私は、コマーシャル15本と50秒のパブリシティという破格の条件で契約しました。

営業の方、プロデューサーの方、大好きな女子アナさん、心よりお礼申し上げます。

3日後。私はフジテレビ系列の福島テレビでも同じような契約をしました。

当然、パブリシティはサービスで……。

3.「ぐるぐるとって」が福島県内に上陸

県内に放送後、問い合わせが入りました。

一般の方からです。

「テレビを見ました。どこのお店で購入できますか」

私はこう言いました。

「お近くのスーパーやホームセンターにお問い合わせていただけますか」と……。

「はい。わかりました。でも、お宅さんから直接買えないの……」

「申し訳ございません。それはできかねます。お近くのお店の店長さんにお話しされた方がいいですね。商品をどうしても取り寄せてほしいと言ってください」

実はこれが〝ミソ〟なのです。

当時、弊社には山ほど在庫がありました。しかし、直接は売りませんでした。

お店にたくさんの問い合わせがあれば、必ずスーパーや、ホームセンターのバイヤー様から連絡が入ると思ったのです。

数日間、同じような問い合わせが舞い込みました。

「どこで売っているの……」

「お近くスーパーやホームセンターに問い合わせていただけますか」

「わかったわ……」

それから数日後。電話がかかってきました。

「福島県内で問屋をしております。実は、スーパーやホームセンターのバイヤー様から御社の商品を販売したいとの要望がありまして、『ぐるぐるとって』を卸してもらいたいのですが。是非、お取り引きをしていただけないでしょうか。県外にも各営業所がありますので、そちらでも商品の拡販をしていきたい」と……。

読みは的中しました。すぐに私は口座開設をして取り引きを開始。

実際、問い合わせは、私の想像以上にいろいろなお店にあったようでした。

これを機に弊社の「ぐるぐるとって」は、福島県内のスーパーに納品することになりました。つい数日前まで四苦八苦していた「ぐるぐるとって」がスーパーに陳列されています。不思議な感じでしたね。

イトーヨーカドー様、ヨークベニマル様、コメリアテーナ様、その他、地元なら誰もが知っているスーパーにもあちこち。

計何百店舗へ一気に納品です。

私はそれを皮切りに、隣の新潟県にも進出しました。

そう、新潟のテレビ局へ直談判です。

もちろん、私がテレビ局の方に対し、無茶苦茶なお願いを言うことは、皆さんもうおわかりでしょうけどね。

ネクタイをしっかり締めて一人で出陣です。いざ！　新潟！

＊出典　イトーヨーカドー福島店

4．いざ、新潟県へ

私は、新潟市にある某テレビ局の営業の方にお会いしました。

地元で配信していただいた同じような料金と内容でお願いする作戦です。

「番組内で商品を告知してほしいんだよね。もちろんサービスでやってくれるよね」

その営業の方がスッーと、席を外しました。

なにやら持ってきたのはパブリシティの料金一覧表。

「あの〜　弊社の場合、このように情報番組内での紹介につきましては、料金が決まっております。〇分で40万円です」お父さんたちの月収より高いぞ！

はあ〜、さすがは政令都市。プライドが高そうでしかも強気です。ふ〜ん。

しかし、そんな過去の事例に屈しないのが、昭和ワールドコーポレーションの代表および、営業マンの私でございます。

「そうですか……でも、そこをなんとか。新商品がでたあかつきには、また、必ずコマーシャルを配信しますから〜、お願いしますよ〜」と、笑顔、笑顔。

呆れて聞く営業の方……。

経費節減隊長の私は、ペラペラマシンガントークで応戦。

「弊社は零細企業で大変なんですよ。お隣りさんの県じゃないですか～、てか、福島市のテレビ局では快く引き受けてくれましたよ～、やってくれるよね」

「弊社はできません！」なんか〝ムスッ〟としているし。嫌な感じ……。

キレられそうです。そして、過去にそこのテレビ局で放送された映像のコピーを目の前につき付けられました。

〝ドン！〟

「なんだよ」と、中尾彬のような口調が出てきそうになったところで、「これは酪農農家様のパブリシティの映像です」と差し出すそこの営業マン。

うん。爺さんが確かに牛を撫でている。うちの牛乳は美味いってか……、オレ、牛乳飲むと腹ゴロゴロするし。興味ありません。モウ～そんなの見せつけるな。

「こちらは新規オープンしたカフェ店内の映像です」

洒落た店内だ。ケーキ美味そう。店内よりもエプロン姿のお姉さんがもっと美味そうだ。

試食は君で。あと知っているかー、ケーキはライザップの敵だ！

「こちらは車屋さんの紹介です」

てか、新潟の海沿いで調子こいて走っていたら車サビるんじゃね。

「このように、皆様には弊社規定の料金をお支払いしていただいております。御社だけ特別にパブリシティを無料ということはできかねます。そうでなくても、弊社の番組で紹介する枠は人気ですぐに埋まってしまいます」

ああ～、そうですか、そうですか。新潟は嫌いだ～

5. タダでは転ばない

ブスくれて帰ってきました。でも大丈夫です。波動が合わなかっただけ。

私は、そのテレビ局のロビーで新潟県の別のテレビ局に電話をかけました。

「コマーシャルを配信したいんですけど、担当者いますか」

ちょっと、不安がありました。新潟県のテレビ局は引き下がらないのではと……。

「はい。担当にお繋ぎしますので、少々お待ちくださいませ」

標準語の発音で少し劣等感を感じながら待つこと数分……。

「もしもし～」女の人だ。いいねー。

「大変申し訳ございませんが、担当の営業の者がただいま外出しておりまして……」君でもいいけど。

「いないのかい！」

いないよりも、君が営業の人だ、と勘違いした、この気持ちはどこにぶつければいいんだー、と、心で思いつつ……。

「じゃあ、携帯に連絡もらえます」

「承知致しました」あれ？　電話切っちゃうの……。

それから数分後。携帯に着信。

〝パララ、パラララ、パラララ～〟ゴットファザーの音楽が車に鳴り響く。

「すみません、ＵＸ新潟テレビの阿南です。遠藤さんでしょうか」

「はい。有名な昭和ワールドコーポレーションの遠藤です。実は弊社で……」

面倒くさいのでいきなり値切りから入りました。すると、その営業の方が……。

「ところで、他の新潟のテレビ局とかにはもうお問い合わせとかされました」

いつものパターンだな……。どいつもこいつも気になるのは他局ばかりかよ。

「はい。しましたよ。しましたよ。もっとも安くコマーシャルを流してくれる局さんにお願いしようかと思っていましてね……」

「いや〜、是非、弊社にやらせてください。精一杯のサービスをさせていただきます」

どうせ無理とか言うくせに……。

「CM配信したら、今回だけパブリシティをサービスでやってくれない」

「アハハ、サービスですか……」無理……、でしょうね、でしょうね。私の地元、福島市のテレビ局の方々は、人に優しく、零細企業に対しても心が広い素敵な人ばかりだよ！　女子アナだって、数人以外は可愛いぞ！　君らみたいな金銭至上主義とは違うんじゃあ〜新潟県民は雪のせいで心も凍っているよ！　もう、温かい福島の故郷に帰っぺ！

と、叫ぼうとしたら……。

「いいでしょう、何でもお申し付けください。今後とも末永くお願い致します」

「エッ……、いいのかい……」

6.「ぐるぐるとって」が新潟県内のホームセンターへ

私は新潟が好きになりました。だって、新潟の人はいい人ばかりですから……。

「調子いいな、テメェ」と、ヤジが飛んできたところで……、この頃、新潟の問屋の業者からも、どこからか「ぐるぐるとって」の情報を聞き付けて弊社に電話が入りました。

「新潟で問屋をしております。御社の商品を納品していただきたいのですが……」

「有難うございます。すぐに納品させていただきます」

その後も他の問屋の業者から連絡が入ります。すぐに納品してくださいとのこと。

新潟県内のスーパー、ホームセンターのお得先全店に営業をかけるという話でした。

とにかく、新潟の問屋さんはスピードが速くトントンと話を進めます。

あっという間にあちらこちらに納品するからすごい。新潟県内にあるスーパーセンタームサシ様を皮切りに、たちまち地元スーパーの店頭に並ぶことに。

そこで、私は問屋さんに持ちかけました。

「今度、ＵＸ新潟テレビ21の情報番組ランランＵＸで、ぐるぐるとっての紹介を予定しているんですけど、スーパーセンタームサシ様の店舗で、従業員の方が実際に魚を用いて内臓を取っているシーンを配信してはどうでしょうか。面倒な撮影はテレビ局の方がすべてやってくれますので」

「いいね。すぐスーパーセンタームサシのバイヤーさんに話してみるよ」

それからまもなくして、携帯に着信。


〝パララ、パラララ、パララララ〜〟


「了解出ました！」てか、早いっす！

そして、数日後。スーパーセンタームサシ様が予定通り、テレビの情報番組内で「ぐるぐるとって」を大々的にゴリ押し。

なんと、「ぐるぐるとって」の特別コーナーも配置してくれる神対応。

店員さんが魚のアジを使って「ぐるぐるとって」の便利さをアピール。

「スーパーセンタームサシ新潟店一押しの爆発的ヒット商品をご紹介します。この『ぐるぐるとって』とは……」

はい、無事に新潟県内に配信されました。

「商品拡販」それは、営業力のある問屋さんとお取引をさせていただくのが、なによりも〝ミソ〟だと思います。

注文を待っているのだけではなく、売れそうな商品をいち早く納品させる意気込みのある商社と連携すること。実は、新潟県はキッチンメーカーの激戦区。

モタモタしていられませんね。新潟大好き……。

そして、ご協力いただきましたスーパーセンタームサシ様、新潟テレビ21の関係者及び営業の阿南様、心から感謝申し上げます。有難うございました。

7. 「ぐるぐるとって」が宮城県内のホームセンターへ

次に選んだのは宮城県。人口が福島県と変わらないのに何倍も栄えています。きっと商売がうまいのでしょう。負けられません。

とりあえず、宮城県のテレビ局すべてに電話。

「あの〜福島でも、新潟でも、コマーシャルを格安でやってくれたテレビ局があったんだけど、御社ではどこまでお安くやってくれますか。もちろん、パブリシティはサービスでね」

ずうずうしさは慣れてくるものです。

そのうち〝パブのハイエナ〟と呼ばれたりして……。

「申し訳ございませんが、その予算でコマーシャル10本と無料のパブリシティはちょっと……」いいんです。いいんです。無理にとは言いません。

ただ、こうして「格安でやってもらえなかった」と、本に記載するだけです。

数社は、早々と撤退。去るもの追わず。過去には女性も私のもとから去って行きました。

そのつど、私は強くなりました。免疫力はここでも発揮されます。

そんな中、仙台放送は、私を見捨てませんでした。

「わかりました。やりましょう。今後ともよろしくお願いします」

「有難うございます」

とても素敵な営業の方でした。会ったことは一度もありませんでしたが……。

そして、仙台放送のミミヨリマーケットでも「ぐるぐるとって」が紹介されました。もちろんタダです。

放送もあってか、東北イオン様からも納品してほしいとの要望が入りました。

しかし、これはすんなりとはいきませんでした。

なぜならば、スーパーは提携先の問屋さんが決まっています。それ以外からの仕入れは基本的にしません。したがって、イオン様から要望があっても、その提携する問屋さんと弊社との間で契約が必要になるのです。

イオン様の取引先ですから、もちろん全国トップの問屋さんです。

そこの会社にも規定があります。取引するメーカーと口座開設する条件です。

年間売り上げ、資本金、従業員の人数、商品アイテム数、提携先の商社。

従業員は、私だけ、……。資本金百万円。弊社の商品アイテムはたったの一つ。

これでは契約ができないと言われてしまいました。でしょうね。

あのイオン様がどうしても欲しいと言っているのに……。

そこで、持ち上がったのが、その問屋さんと弊社との間にもう一社の商社を入れること。

ん〜、なんか紛らわしいですよね。その分マージンも減るし。

それで何社かピックアップされました。

8.「ぐるぐるとって」拡販奮闘パート1

絞り込まれたのが東京の商社でした。でも、すんなりとは卸せません。製品についていろいろ調査が入りました。プラスチックの強度、ゴムの耐久性、耐熱温度の実験。ＰＯＰの一字一句まで手直しすることに。

「遠藤さん、イオン様は甘くないですからね。しっかりやってください」はいよ。

その商社の営業マン、ピリピリモードです。

私は、ウキウキモードでしたけど……。

検査が終わりいよいよ納品へ。はい、東北のイオン様にも商品が並びました。

その頃になると、本社が仙台にある商社からも連絡が入りました。口座開設の要望です。

東北を中心に関東を含め、東日本全域に営業所を構えていました。

取引するや否や、東日本のスーパー、ホームセンターのあちこちに納品されました。

また、ホームセンター、雑貨店によっては新規商品募集というのがあります。

私は、そのような募集にも欠かさず応募していました。そして、数日後……。

ケーヨーD2のバイヤー様から連絡が入りました。

皆さんもご存じ、大手のホームセンターです。

「面白いですね〜、これ売れますね。来週本社にこられます」

行きますとも、行きますとも。

「有難うございます。お伺いさせていただきます」

新幹線に乗っている最中、私は、ゆずの「栄光の架け橋」を聞きながら向かいました。

あの音楽を聞くと〝さあ！　行くぞ〟って感じになるのです。

「おっさんのクセに……」って……。そうですけど。なにか……。

商談当日。ケーヨーD2様の本社には、すでに各メーカーの営業マンたちが何十人もいらっしゃいました。中には、何百万円。何千万円のお取引になるのですから、営業マンの表情も硬い感じです。

私は、この商品を誰よりも知っていますので、自信を持って対応しました。

バイヤー様も大変商品を気に入ってくれまして、すぐに提携している問屋さんを紹介していただき、納品となりました。

そして、コマーシャルを見た多くの方が、直接、東急ハンズ様、ロフト様の店舗に出向き、お問い合わせをしてくれたようで、納品要望が入ります。

こちらは、東急ハンズ様、ロフト様の提携する問屋さんが必死になって、各店舗にも営業をかけてくださったおかげで、一気に全国の店舗にて販売することになりました。

その後、釣り具の商社とも契約をし、全国の釣り具店にも販路を広げていきました。

気づけば、自分でもわからないうちにあちこちの店舗で販売されていました。

9. 「ぐるぐるとって」拡販奮闘パート2

私は、時間があれば自らの足で飛び込み営業もしてきました。

西浅草にある卸商店街にも行きました。近年は外国の方々にも大変人気の場所で実際歩くと外国人の方が多いこと。金髪で可愛いお姉さんもチラホラ。

そして、飛び込みです。外国の金髪のお姉さんに飛び込みじゃないですよ。

金髪の女性に飛び込んで、お店にあるメイドインジャパンの刺身包丁で刺されたらシャレになりません。お店に飛び込み営業です。

「今、忙しいんだよ～、暇なときにきてくれない」了解、了解。

「はい。すみません、後でお伺いします」

そして、お客さんがいない閉店前に来店すれば……。

「もう、終わりだよ～」これですからね。

しかし、「ナンパ沈没」を幾度も体験している私であります。

次のお店へ。

「そんなもん、ウチはいらねーよ」そうですか。そうですか。門前払い。

「はーい。失礼しました」慣れるとなんとも感じません。くじけません。

くじけるのは棺桶に入るときで十分です。30件、40件に言葉をかけて、1件に納品できたら御の字です。

明るく、元気に、「ぐるぐるとってはいかがでしょうか。ぐるぐるとって、ぐるぐるとってはいかがでしょうか」

ちょっとした焼き芋の販売車から聞こえてくるアナウンスのようです。

しかも、訛って喋るものですから……。

「どこの人……。どこからきたの……」と、商品ではなく、私に興味を持ってくれたくらいにして……。

それでもいつものマシンガントークで数件から発注をいただきました。

中にはご家族で仲良く経営しているお店もありました。

ご家族揃って、ぞろぞろと奥から「なに……、なに、これ～」と、

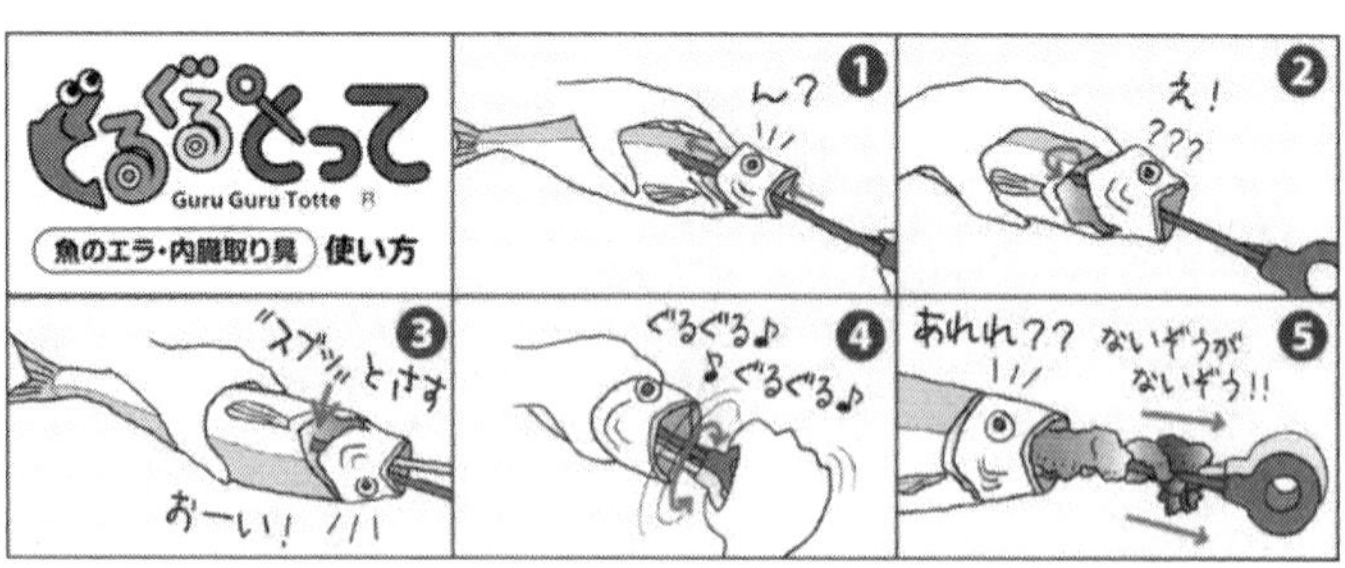

商品にくぎ付け。

気づけば雑談で盛り上がり、80セットのご注文。有難いですね。

結果的に西浅草での納品勝率は二割には届きませんでしたが、いい思い出です。

問屋街って面白いんですよ。いろいろな品物があって……。仕事を忘れて、レストランに展示されている食品のサンプル見て感動したり……。

クオリティーが高く、日本人って器用だなあ～と。

その一方で、便利そうでも必要のないような笑える調理器具も……。

飽きない場所ですね。私がデートするなら、この問屋ストリートですね。

相手は、いないけど……。

第7章

自分を信じること

1．ＮＨＫおはよう日本「まちかど情報室」に紹介

おはよう日本「まちかど情報室」

朝の番組で知っている人も多いのではないでしょうか。

便利な商品、面白い商品を紹介しています。

その番組を見て、私はすぐに応募しました。

数日後。番組のディレクター様からメールが届きました。

「面白い商品ですね。是非、放送したいです」と。

「マジ……」でも心配したのがズバリこれ、「放送料金」

しかし、さすが、ＮＨＫは違います。実は、この情報番組、無料で配信してくれているのです。全国から毎日応募が凄いとのこと。でしょうね。

一気に会社の商品が全国に知れ渡るチャンスですから……。

「有難うございます、何卒よろしくお願いします」と、メールに速攻で返信。

その後、ディレクターさんと電話にて打ち合わせ。

そして撮影当日。はるばる福島にいらしていただきました。でもあれ、メーカーの人は

出演できないのです。なので、私は映れませんでした。残念……。

「テメェは目障りだから映らなくていいんだ」って……、そうですね。

それで代わりに快く出演してくださったのが、以前、発明展の取材で知り合った中学教師の猪狩先生とそのご家族の方々。

誰よりも猪狩先生が子供のようにハリきってうれしそうでした。

猪狩先生の奥さんは前日にパーマ屋で髪をキレイに切ってもらったそうで、準備も整っていました！　バッチリです。この情報はオフレコでお願いします。

「よーい、スタート！」〝パン！〟おお〜ちょっとしたドラマみたいだ。

サンマの内臓を猪狩先生の奥さんがグルグルと取り出します。

〝がんばれ〜、奥さん！　素敵だよ！〟と、私は裏方で応援！

なんでもこの奥さんも元教師。お子さんは３人。皆さんとても可愛いです。

あっ、おばあちゃんも可愛かったですよ。バーベキューの風景も撮影。

猪狩先生の次女の娘さん、〝取れた〜〟と、素敵な笑顔で一発オーケー。

最後は、家族団らんの風景で魚をパクパク。オチはお爺さんが魚を見て一言。

「ないぞうが、ないぞう……」うーん、すばらしい。完璧！

その後「ぐるぐるとって」は、特別に2回放送されました。

1度目は、「クルクル取れるんです」がテーマ。

2度目は、「秋の行楽シーズン」がテーマ。

2回も放送されるなんて私は本当に運がいいなと。

皆さん、本当に有難うございました。そして、お疲れ様でした。

2. 信用金庫主催の展示会

ビジネスマッチ展示会・商談会。これらは、商工会、信用金庫が主催となり、メーカーと小売店をマッチングさせて、交渉、相談の場を提供しているもの。

ブース（展示場の場所）を借りて自社商品のPRを行ないます。

私も過去に一度、地元の信用金庫主催の展示会で商談を行ないました。ブースは、スペースによって値段が変わり、金欠の弊社は一番安いもの。

狭くても商品アイテムが一つですので、気にしません。

商品に興味のある企業からは事前に商談の通達がありますので、展示会を開催している間に商談をします。

その商談が終わると、ブースの前を通り過ぎる販売店の営業マン、バイヤー様らしき人に声をかけて商品の説明……、ナンパみたいなものです。

一般の人もチラホラいますが、そのお目当ては新商品の食品の試食や試飲がほとんど。ブンブンとハエのごとく群がっています。

基本的にバイヤー様は、事前に興味のあるメーカーとの商談以外は眼中にありません。したがって、自分のブースの前は通り過ぎるだけ……。

「弊社の商品のパンフレットでございます」

「あ～、はい、はい」と素っ気ない態度をされます。

手さげ袋にはパンパンに詰った各メーカーのパンフレットが押し込まれていますが、ゴミ箱行きでしょう。

たまたま、そのときは、仙台の会場でしたので、前に弊社の商品のコマーシャルを見てくださっていた一般人の人が、何セットかその場で購入してくれました。

でも、周りのメーカーは、お茶っぴき状態……。介護用なんたらかんたらグッズ販売のメーカーの担当の人は、逆に暇で精神的に介護が必要なほど……。

「よしよし、明日があるさ！」と、頭をなでるわけにもいかないので、遠くから見守り。そしたら、隣のまったく業種の違うブースのメーカーの人と名刺交換して雑談フリータイム。ほとんど意味のない行動ですが、こんなものです。

これらの展示会、便利な商品アイテムがたくさんあればいいのですが、変わったグッズの商品ですと、さほど振り向いてはくれません。

ちなみに、弊社は商談を行なったものの取り引きには至りませんでした。

聞けば、こうした展示会によって契約できるのはまだいい方だそうです。

ましてや、食品関係は、福島県産というだけで敬遠されるというからやりきれません……。

原発事故から数年も経過していて、放射能検査もしっかり行なっているのに。

＊出典　ビジネスマッチ東北実行委員会

どのメーカーも販路を広げるために頑張っていますね。

私は顔がチャラいので、いつも周りからは頑張っていないように思われてしまいます。

性格って、やっぱり顔に出るようです。

3. 返品は当たり前

だいぶ前にさかのぼりますが、問屋の業者の方から「ドラッグストアに納入しませんか」との打診がありました。

最初に連絡があったときは……。

「全国各地にあるドラッグストアに納品されたら、売り上げが格段に増えそう。いいね～」と、思っていましたが……。

しかし、これ、売れなかったら返品が絶対条件。聞けばドラッグストアへ納品した商品の四割が返品されているというから驚きます。

売れたら再発注……。しかも特急で……。

在庫を切らして納品できなかったら罰金も……。

半年お店に陳列して売れなかったらメーカーに返品……。送料も着払いって……。

どうなっているんだ……。

メーカーが小さく見えます。

これ、間違いなくドラッグストアは儲かります。だから、ポンポンと何十店舗も次々と作れるのです。急速に伸びていますよね。

ホームセンターでも返品が条件という会社があります。

返品されたメーカーはたまりません。商品は手垢とホコリまみれですよ。

だいたいにして、そのままでは他の店舗に納品なんかできません。

パッケージを取り外し、新しい台紙に入れ替えしなければなりません。

それを嫌って、納品しないメーカーがたくさんあります。

お菓子や、生鮮食品は返品しないとのことですが、日用雑貨、化粧品の商品は返品が当たり前だそうです。

私の知り合いで、化粧品メーカーに勤めている人がいるのですが、やはり乳液やら、化粧水やら、返品の嵐ですごく大変だと言っていました。

弊社は返品が条件であるならば、納品は一切、お断りしています。

もしかしたら売れるかもしれません。でも仮に返品となって、夜な夜なパッケージの入れ替えって……、寂しいです。

「売れると思ったのになぁ～」と、ブツブツ言いながら……。

それが１万セットの返品だったらどうします。地獄ですよ。

パッケージ（ブリスター）だって捨てるようです。

これだって苦労して製作したものです。売れなかったから戻す。さんざん汚した状態にして……。もういらないって……。納品する方もお店を選ぶ権利があります。

商品は自分の子供と同じ大切な宝物です。商品を仕入れたらお店は責任を持ってお客様に提供する。

それが一流のバイヤーではないでしょうか。

4. オレンジページに掲載

オレンジページの編集部の人がたまたま東急ハンズ渋谷店に行き、キッチン便利コーナーで「ぐるぐるとって」を見つけ購入。

どんなものかと試しに使って、簡単に魚のエラと内臓が取れてビックリしたそうです。

それでお電話を頂戴致しました。

「オレンジページの編集部の者ですが、御社の商品を弊社の雑誌に掲載したいのですが」

営業の電話だべ……。

「てか、広告費かかりますよね」テンションは低めで対応。

私、昭和ワールドコーポレーションの遠藤ですよ。お金がかかること、オチのない話が嫌いなこと知っていますか。また、掲載の話かよと、睡魔が一気に襲いかかってきたとき、

「今回は、弊社からの要望ですので一切、広告費はかかりません」なんだって……。

電波は一気にアンテナ三本。眠気が吹っ飛び……。

「マジすか！　有難うございます」

お調子者がバレたところで、まともに広告費を支払って掲載したら、ちょっとしたバイ

クが買えるお値段。

オレンジページ２０１６年5月2日号「ちょっとイヤ……」を解消！「編集部イチオシ使える家事グッズ特集」に掲載されました。

世の中に何千点という便利調理器具がある中、人気キッチン雑誌に載せていただいたことは大変有難いと思います。

これも東急ハンズ様に納品していなかったら、この話はなかったでしょう。いろいろな偶然が良い流れとなって、商品が知れ渡っていくから不思議です。

そして、掲載された数日後、発注が舞い込みます。中には雑誌を見て直接、電話をかけてきたお客様もいました。

「どんな大きさでも大丈夫なの……」大丈夫です。でも人食いサメは無理です。

「パソコンがないの。この電話で注文できる？」はい、喜んで！

「ねぇ〜、どうやればいいの……。ちゃんと抜けるの……」耳元でそんなこと……。

中には、「こんな商品がほしかったの。有難う」と、感謝されてみたりして。

また、弊社の所在地が福島県と知れば震災の話となり、「頑張ってね」と、励ましのエールまでいただくことも。

つくづく、あきらめず商品を作って良かったと思いました。

ワカサギの腸の件がなかったら、このような素敵な体験はできなかったでしょう。

魚のお腹をさんざんゴチャゴチャにしてきた変わり者で良かったなと……。

5. 次はあなたの出番

つい数年前まで足踏みしていた「ぐるぐるとって」は……。

東急ハンズ様、ロフト様をはじめ、スーパー、ホームセンター、釣り具店、雑貨店、全国各地の店舗で販売しております。

パソコンで検索すると、私の知らない間に商品の概要について、いろいろと書き込みがあって面白いです。

「商品の解説図が怖すぎる」、「動画がエグい」、「発売元がなかなかのクレイジーだ」、「あかんこういうのすきすぎる」とか……。

お店で販売されている自分の商品を眺めていつも思うことがあります。

それは、すべての方々に「感謝」。

また、その頃から商品に対する見る目が変わりました。

店頭に並んでいる製品ひとつとっても、いったいどれほどの人が携わり、どんなに長い年月と試作を重ねて今ここにあるのか。

金型のパーツは、いくつ必要だったのか。それぞれの作り手の気持ちに寄り添えば、どんな品物でも大切に扱わなければならないということ。

なぜならば、それぞれの商品は汗と努力の賜物なのですから……。

〝自分の商品を世の中に〟心に誓って10年の月日が過ぎていました。

私は一人で全国のバイヤー様、問屋さんと商談をして、大事な商品と自信と誇りを携えて販路を広げてきました。

誰でも気概をもって行動すれば、おのずと結果はついてきます。

こんな私がやり遂げたのですから、皆さんもきっとできるはずです。

次は、あなたの出番です。

今までになかった商品を作ってみませんか。人々の暮らしに役立つ商品を。

私は、この本が出来次第、また、真っ先に地元のテレビ局へ吹っ飛んで行きます。

そして、営業の方にこう言います。

「コマーシャルをまた配信するからパブリシティはサービスしてね」と……。

ちょっと困り果てている営業の方の顔が私の頭の中にはすでに浮かんでいます。

ポリポリと頭をかいている様子も鮮明に、……。

きっと、こう言われるでしょう。

「エッ……、また、タダでパブリシティですか……」ってね。

「すぐそこの他局では喜んでやってくれると言っていたよ」と、私はいつものセリフを素敵な笑顔でかまします。

だってね、この本を全国の書店に並べたいから……。

第8章

発明アイデア・ネーミングライフを楽しもう

発明学会の活動紹介

1．発明は山登り！

「発明登山マップ」でアイデア商品化をめざそう

本章では、発明アイデアに興味をお持ちの皆さんへ、アイデアを商品化するために必要なことを説明します。てか、ここまで読んだ方は、もう、発明やアイデアにかなり興味がある証拠ですよ。もしくは、よっぽど暇な人か……。

それとも、あれかなあ～、女性陣なら、私に興味を抱き始めてきたとか……。

「ありえねぇー」って…… はい。でしょうね……。

ところで、企業内での新商品開発は仕事ですから大変です。なんてたって、なにもかもすべてやらなくてはなりませんから。しかし発明アイデア・ライフは、趣味ですから、無理なく楽しめる分野で挑戦すれば、誰にでも商品化の可能性があります。

極論な話、凶悪な前科者でもアイデアを考えて、商品化をめざすのは自由です……。

「先週、出所してきたんだけど、オレも発明アイデアに挑戦する！」と、言われたら、

「あ、そう、ご勝手に……」と、なりますが……。

「確実にこの世から人を消す方法を発明する！」と、意気込まれたら困ります……。仮に、人をキレイにばらす方法を見つけても特許は交付されませんのであしからず。

「じゃあ、ヘラヘラしている私を、懲らしめるアイデアを考える！」って……。

いいね～

冗談はさておき、是非、アイデアの商品化をめざしながら、発明アイデア・ライフを楽しんでください。

そう言えば、アイデアを考えるとボケ防止になるそうです。

私は逆に、アイデアで笑わそうとボケていますが……。

それはそうと、アイデアを考えてから、そのアイデアを育て、やがて商品として、世の中に送り出していくまでには、必要となる、たくさんの行程があります。

それでは、この道のりをわかりやすいマップ形式でご紹介します！

アイデアを商品化するためには、「企業に採用してもらう方法」と「自分で商品化する方法」の、二つがあります。その他に方法があったら、マジで教えてください……。

一般的な順番としては、アイデアを創作した後、試作品を使った実験で効果を確認し、権利対策をした後、企画提案書を企業に送付して、契約書を交わすというのが、商品化をめざす発明家なら、誰でも必要となる、欠かせない道のりです。

じゃあ、企業にアイデアを採用してもらうために必要な行程がどのようなものか、それを、わかりやすく図解で表現した「発明登山マップ」で、詳しく見てみましょう。

これが、皆さんを発明成功に導く成功への最短ルートを示した「発明登山マップ」です。発想から契約までイメージしやすいですよね。

アイデア探しをスタートにして、その後、試作を経て、権利対策の後、売り込みをします。私は途中、「試作＆実験」のあたりで何度も山から転げ落

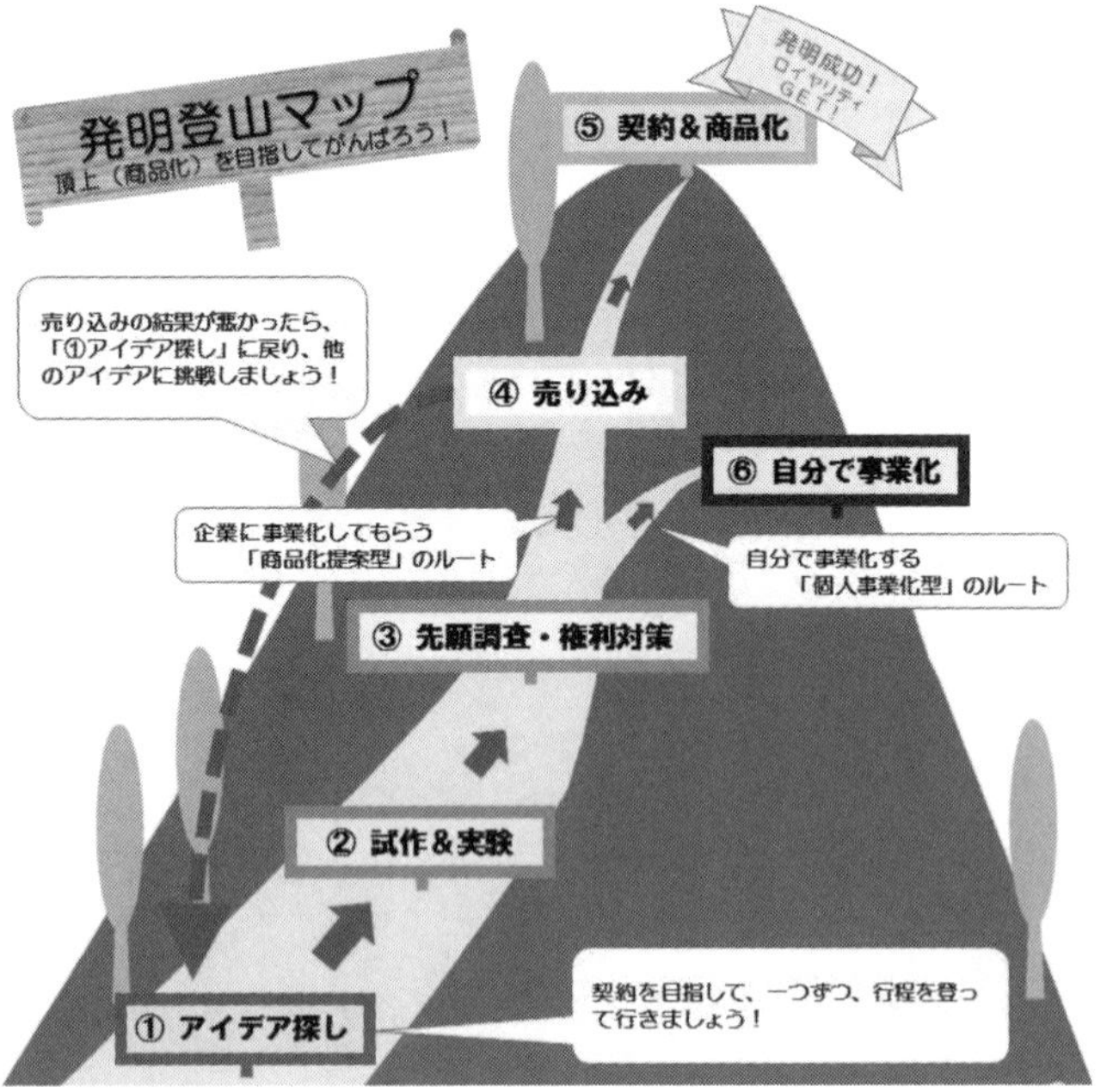

ちました……。

ゴロゴロ、ゴロゴロ……ウソだべ、ああ〜〜

しかも、悪徳業者が集団で襲ってきました。とてつもない電話攻撃です。マナーモードの着信が〝ブーン、ブーン〟と、スズメ蜂の音に聞こえたくらいです……。

それはいいとして、自分で考えたアイデアを商品化するうえで重要なことは、アイデアを気に入ってもらい、採用してもらうために、ひらめいた発明・アイデアに商品価値があるか、企業にその提案をして投げかける「売り込み」の行程までたどり着くことなのです。発明学会では売り込み先の企業リストがたくさんありますので心強いです。

もし、そこまでに行くルート上で、「試作品が作れません」「こういう商品があったらいいと思うけど、それを解決する具体的な案はない」などの場合は、あなたの登山技術（発明能力）以上の山に挑戦している証拠です。おそらくそのままでは、アイデアを商品化することは、難しいでしょう。

例えば、１００円ショップで買ってきた包丁に穴をあけて試作品を作り、「穴あき包丁」のアイデアを実験したりするなど、自分の力量に合ったテーマであれば、どんどん先の行程にいけるはずなのです。その包丁で野菜を輪切りにすると、キレイな模様ができるとか。

仕事も発明も自分の力量って、すごく大事なんです。

これは政治家にも当てはまるのではないでしょうか……。

運よく頂上の大臣までたどり着いたのはいいけれど……。

「それを解決する具体的な案は…… ええと……あれ、北方領土の島の名前なんだっけ、……」奪われた島の名前も知らないでロシアの泥棒と交渉するってか。

「震災で長靴業界は儲かった……」テメェは、自分の足元が見えていなくて損したってか。

「おい！〝このハゲー！〟……」私が秘書だったら、〝この馬ヅラー！〟ってか。

自分の立つべき場所を誤ってはいけません。立ってはいけない場所もあるんです。

要するに、無理な頂上をめざすより、無理のない道を進むことが大切なんです。

ですから、少しの努力、少しの投資をすれば登れるような山に挑戦するべきです。

つまり、発想に専門知識が必要なテーマや、試作品作成に、大変お金がかかるものや、特殊な加工技術を必要とするアイデアはやめて、自力で何とか作れるアイデアにするべきなのです。

大金をかければ、試作品作成や権利対策は、いくらでもできます。しかし、お金をかければかけるほど「これだけお金を使ったのだから、取り返さなければいけない」と勘違いしてしまう人もいます。

こうなると、自分にはとても実現できないテーマに、いつまでもこだわり続けることにもなります。登山でいえば、難所に阻まれ、降りるに降りられないまま、嵐につかまってしまい、疲労凍死してしまうようなものでしょう。

発明成功をめざすために大切なことは、「頭は使っても金は使うな」ということ。

このフレーズ、女性を口説くときにも、あてはめたいものですが、まあ、確実に叩かれるでしょうね……女性に関しては、むしろこんなふうに言われそう……。

「頭なんて使わず金使え」と……。

「そのとおりだ！」と、日本中の女性たちから叫び声が聞こえてきたところで……。

お金をかけず、自力で何度も試作品を作り直すことが、無理なくできる、自分サイズの発明に取り組むことを心がけるようにすると、より、発明成功に近づくでしょう。

要するに、気楽に楽しみながらやることが秘訣なんです。

それでは、発明登山マップの中でも、さらに具体的な行程を紹介した、アイデア成功への全行程「14行程図」で説明します。

発明登山マップで説明した、「アイデア探し」「試作品作成」「先願調査・権利対策」「売り込み」「契約・事業化」までの5段階の行程を、さらに細かく、14ステップに分けた「発明成功14段階行程図」です。

アイデアを商品化するには、この行程図に基づいて、まず自分がどの位置にいるかを把握することです。そして、次に何をすればよいのかという課題を見つけ、階段を登るようにそれを実行して、先に進むことが必要です。

もし、売り込みがうまくいかなければ、悪いところ、改善できるところを探します。

アイデアが悪い場合は、そのアイデアの悪いところを改善して、再度売り込みをします。また、売り込み先の企業に問題がありそうなら、

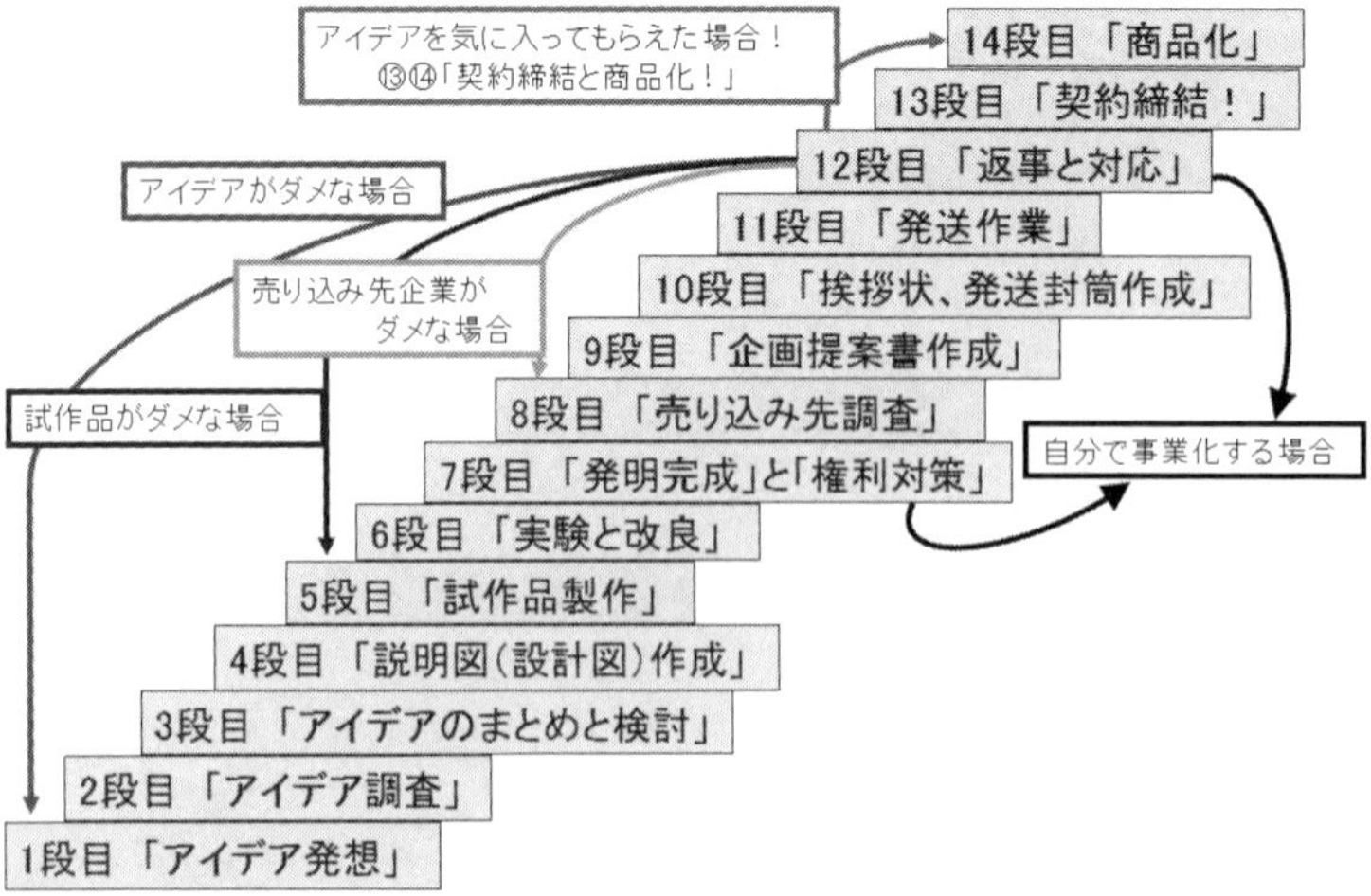

同じ分野の他の企業を探し、同様に売り込みをします。マスコミなどで紹介された、大衆発明家の方々は、すべてこの道のりをたどった結果、アイデアの商品化に成功しています。

また、発明家の中には、７段目の発明完成の時点で、自分で商品化をしてしまう人もいます。工場で大量生産した商品をデパートや、ホームセンターに卸し、大規模なビジネスをする人から、個人事業として、自分でコツコツと商品を手作りして小規模に販売する人まで、そのスタイルはさまざまです。

自分で事業化する場合、やることが多くて大変ではありますが、企業に採用してもらい、売れた分に応じたロイヤリティをもらう方法に比べて、利益が格段に大きいのが特徴です。アイデアの商品化に興味がある方は参考にしてください。

2. 出願書類を学びましょう

「特許」「実用新案」「意匠」現在では、特許庁のホームページで、ワードデータ形式の出願書類様式がダウンロードできるようになっています。

そのため、特許権や商標権などを取るために必要となる、特許庁に提出する出願書類は、誰にでも作ることができます。

出願にかかる実費だけ（特許出願の場合は出願費用1万4000円）で出願できます。

経済的なメリットの他に、出願書類を作成するということは、「アイデアの内容をまとめる」ということでもあります。

アイデアが思いついたばかりのときは、「すごいアイデアを考えた！」と、頭に血がのぼってしまい、小さな欠点には気がつかないものです。

「そんな小さな欠点に気がつかない奴なんているのか」って……。私です……。

アイデアの内容を、冷静に文章で書きだしてみると、思わぬ欠点や、改良点にも気がつくものです。また、自分がつくった試作品が、最高のものだと思ってしまう欠点もあります。

「最高のものだと思ってしまう奴なんているのか」って……。私です……。

例えば「消しゴム付き鉛筆」のアイデアを例にした場合、鉛筆に消しゴムを金属の筒でかしめて、試作品を作ったとします。この場合、この方法だけがすべてだと、思い込んでしまうのです。

「この方法だけがすべてだと、思い込む奴なんていないのか」って……。

もう、誰だかおわかりですね……。

しかし、接着剤で付けても、同じ「消しゴム付き鉛筆」としての効果があります。

したがって、より、範囲の広い権利を取るためには、「金属の筒や接着剤などで、鉛筆と消しゴムをくっつける」という、様々な手段が、権利範囲に入るようにすべきなのです。

つまり、ほかの実施例を考えることの重要性を知るためには、アイデアの構成を文章で整理することも重要です。

自分の発明の本質が何かを正しく分析できるようになると、弁理士さんに出願を依頼するにせよ、自分で書くにせよ、最高の内容で出願ができるはずです。

特許や実用新案、意匠、商標の出願書類を自分で作ることに興味のある方は、発明学会に入会し、書式のつくり方をテキストやセミナーで学ぶとよいでしょう。

3．アイデア商品を売ってみよう

商品はあるけど、売る場所が無い！　という、発明家のリクエストにお応えして、発明学会では、様々な商品販売する場を提供しております。

まずは、商品を売ることで得られる5大メリットをご紹介しましょう。

アイデア商品販売の5大メリット

①お客さんの意見に勇気がもらえる（かわいいですね！　すごいですね！）
②発明品改良に役立つ（色・形を変えたほうがいい！　この用途にも使える！）
③達成感が気持ちいい（○個売れた！　○円売れた！　自分の商品が活躍している！）
④販売実績で企業に売り込める（○日間で○個売れた実績があります！）
⑤自作品は利益がすごい！（企業採用の場合、一個数円。自作品は定価から経費を引いた金額が、一個あたりの利益なので利幅が大きい）

このように、実際に発明品を売ってみると、とても元気が出てやる気がみなぎってきます。是非、積極的に参加してみてください！

「発明学会ネットショップ」

ネットショップは、24時間３６５日休むことなく商品を販売してくれる、最高の販売の場です。誰でも１回はネットショップで買い物をした経験があるように、買う側の立場に立ってみても、大変便利なショップです。

下記の可愛い写真は当社の「ぐるぐるとって」。発明学会ネットショップでご購入できます。

自分の発明品を売るために、個人でネットショップを開店し、１〜２種類しかない商品を出品したところ

で、正直、なかなか購入してもらえません。

また、有名なネットショップは、手数料が高く負担が大きいのもポイントです。売れても売れなくても、数十万円の出店料がかかり、商品が売れたら、さらに手数料を払うことになります。これでは気軽に挑戦するわけにはいきません。楽天のことですけど……。

このような状況を考慮し、発明家のために、発明学会では発明アイデア商品専門のネットショップを開店してくれました。

発明者にとって低リスクで、メリットの大きいシステムです。

例えば、出店料は３０００円です。また、商品紹介画面も、すべて発明学会が無料で作成致します。商品の発送から入金確認も、すべてお任せです！　出品者は、事前に商品を倉庫へ納品するだけと手間いらず。「受注」、「配送」、「代金回収」は事務局が責任を持って行ないます。

手数料は、出品料のわずか30％。出品者（発明家）には、売価の70％をお支払いするので、大変な好条件といえるでしょう。インターネットの知識など一切不要。販売できる商品を持ってさえいれば出品できます。

売れるアイデア商品があったら、是非、出品してみましょう。

4. 発明学会の「発明コンクール」で気軽に商品化チャレンジ

発明アイデアは、企画提案書を作り、企業に売り込みをしなければ、商品化されることは、ありません。

しかし、企業の社長宛に企画提案書を作り、売り込むということは、とても抵抗があるはず。

そんな方に、気軽にアイデア商品化の可能性に挑戦できるイベントが、発明コンクールです。

なかでも、発明学会が開催している発明コンクール「身近なヒント発明展」は、発明学会の協賛企業が、新商品のアイデアを求めて審査にやってくる、商品化に近いコンクールです。私もこのコンクールで過去に入賞しています。

企業の方々は、「身近なヒント発明展」や、「個別開催コンクール」に協賛して、新商品開発に活用しています。協賛金を支払えば、応募作品の審査に参加できるため、新商品開発にかかる経費削減になるからです。

また、数千件の作品から、よりすぐれたアイデアを選ぶことができる点も、協賛会社として協賛していただいているメリットの一つです。

なかには、アルミホイルメーカーが、アルミホイルだけのアイデアを集めるため、「アルミホイル活用コンクール」のような、ピンスポット開催のコンクール開催を依頼される場合もあります。

このように、協賛会社は、良いアイデアを求め、採用する気持ちで審査をするから、声がかかることも多くなります！

このようなコンクールが、単なるイベントではなく、大変商品化されやすい、「採用に一番近いコンクール」である理由がココにあるわけです！

協賛会社の方々が審査にこられるため、企画提案書の代わりとなる応募用紙は、一枚だけ作ればよいのもうれしいメリットです。

応募用紙は一枚200円。一件の応募は3000円（※一般価格　発明学会会員は2000円）なので、費用も大変お手頃。たくさんの企業に売り込むのに比べ、手間は格段に少なくなります。

また、コンクールに応募するもう一つのメリットは、特許などの出願をしなくても応募ができる点にもあります。

「誰かに先を越されてしまう」と、心配するあまり、思いついたアイデアをすべて出願していたら、いくらお金があっても足りません。

しかし、限られた協賛会社の審査員しか見ない、非公開で行われる審査会の予選を突破し、公開展示作品としてノミネートされることになったら、評価が高かったということ。つまり、この時にノミネートされた、有望だと評価が高かったアイデアだけを、出願するという方法もあるのです。

この方法にすれば、何万円もの出願費用が節約できます。

今回、本書の読者サービスとして「身近なヒント発明展」と「ミニコンクール」の応募用紙（２００円）を一枚ずつ無料で進呈してくれていますので、よいアイデアが浮かんだら、ぜひ試作品を作り、応募してみてください。

5. 楽しい発明情報誌『発明ライフ』

町の発明家を応援
発明ライフ®

　この『発明ライフ』は、発明学会会員に対して発行される会報〈９００円、Ａ４判16ページフルカラー・隔月年６回発行〉です（年間購読申込〈５４００円〉も可能）。
　会員の成功例やメディア出演報告の他、アイデアを採用する企業に訪問し、採用したいアイデアを探る企画や、その他、発明学会が行なう、近々開催予定のセミナー情報等まで、盛りだくさんの内容です。
　毎号、様々な企画を組んでは取材に出かけ、会員の発明家の皆さまに情報を提供しています。

以前には、私のことも大々的に「商品化ニュース」で取り上げていただきました。

ただ、不思議なことにファンレターは現在まで1通も……。

顔を掲載したせいでしょうか……。

「顔が大きいからな～、整形しようかな～、てか、もっと顔を大きくしようかな……」

私の『整形ライフ』はどうでもいいですよね……。

『発明ライフ』このような継続して発行される発明情報誌は、他に類を見ません。

また、「町の発明家」のための情報誌なので、内容は大変実践的ながらも、表現や文章がとてもやさしくて、わかりやすく、発明アイデア・ネーミングなどの情報を、面白おかしく読むことができます。

私もいつも楽しく読んでいます。

6．良い相談相手を持とう

ひらめいた発明アイデア・ネーミングを商品化したいと思った場合、わからないことが次々でてくるはず。そのつど、悩んでいては、効率よく発明を楽しめません。成功を勝ち取るには、先に説明した「発明登山マップ」を効率よく登り、アイデア売り込みを何度もチャレンジすることが大切なのです。

発明アイデア・ネーミングに興味を持ったら、インターネット等で「発明相談」というキーワードで検索し、様々な団体・機関の「発明・アイデア相談」を受けてみましょう。

特許庁の相談窓口や、弁理士会が行なっている発明相談会のほか、特許事務所が独自に開催している、発明相談サービスなどもあります。

気軽に相談できる、初心者にもやさしい内容か？　良い雰囲気であるか？　などの面から、相性がいい相談相手を見つけておきましょう。

なお、筆者も会員として入会している一般社団法人発明学会でも、発明相談を実施しています。

発明学会は、町の発明家がひらめいたアイデアを商品化に結び付けるお手伝いをしている、会員制の団体です。

アイデアを商品化するにあたって大切なことは、権利化はもちろんですが、なによりも企業に提案をする「売り込み」にあります。

特許が取れないアイデアでも、商品化は十分に可能です。

発明学会は創設以来60余年にわたって、発明家のアイデアを商品化させてきた実績とノウハウと、企業との強いつながりがあります。

発明学会で発明相談を受けるには、会員として入会する必要があります。

もし興味がある方は、入会したらどのような相談が受けられるのか、お試しの体験相談(面談・手紙)が、アイデア一件、相談一回限定で、無料で受けられます。

出願するときの書類の書き方の指導から売り込みなどのアドバイスをしてくれます。

もし、相談内容にご満足いただけたようであれば、２回目より、正式に発明学会にご入会いただき、「発明登山マップ」の各行程に関する相談に、ご利用ください。

≪発明学会の面談相談≫
初心者のために、面接による作品の無料相談を行なっています。相談は１回限り。相談時間は３０分です。
〒 162-0055
東京都新宿区余丁町（よちょうまち）７番１号　発明学会ビル
TEL. 03-5366-8811　FAX. 03-5366-8495
火曜日～土曜日（日・月・祝休）9:30 ～ 17:30（12:00 ～ 13:00 を除く）
■都営大江戸線　若松河田駅より徒歩約６分
■都営新宿線　曙橋駅より徒歩約 15 分
■東京メトロ副都心線　東新宿駅より徒歩約 10 分
電話（０３－５３６６－８８１１）まで、相談予約の電話をして、試作品等ご相談したいものがわかるものを持参して、遊びにお越しください。

≪発明学会の手紙相談≫
遠方で面接相談にこられない方のために、通信で手紙の相談も行なっています。本書を読んだと、本の書名を書いて説明書と説明図をお送りください。それで添削指導を受けるといいでしょう。
用紙はＡ４サイズの白紙を使って、ワープロまたはていねいな字で書いてください。また、必ず写し（コピー）を送ってください。相談は１回限りです。
ただし、返信用の費用（９２円切手５枚）はご負担ください。
≪手紙相談の送付先≫
〒１６２－００５５
東京都新宿区余丁町（よちょうまち）７－１　発明学会ビル
一般社団法人　発明学会
「一般体験相談 係」宛て

発明学会への入会に興味がある方は、発明学会　入会案内　冊子『発明ライフ・入門』（５００円　Ａ５判フルカラー16ページ）を無料で差し上げています。

本章で紹介した『発明登山マップ』を用いて、アイデアが商品化されるまでの行程を、わかりやすく解説した、ガイドブックです。

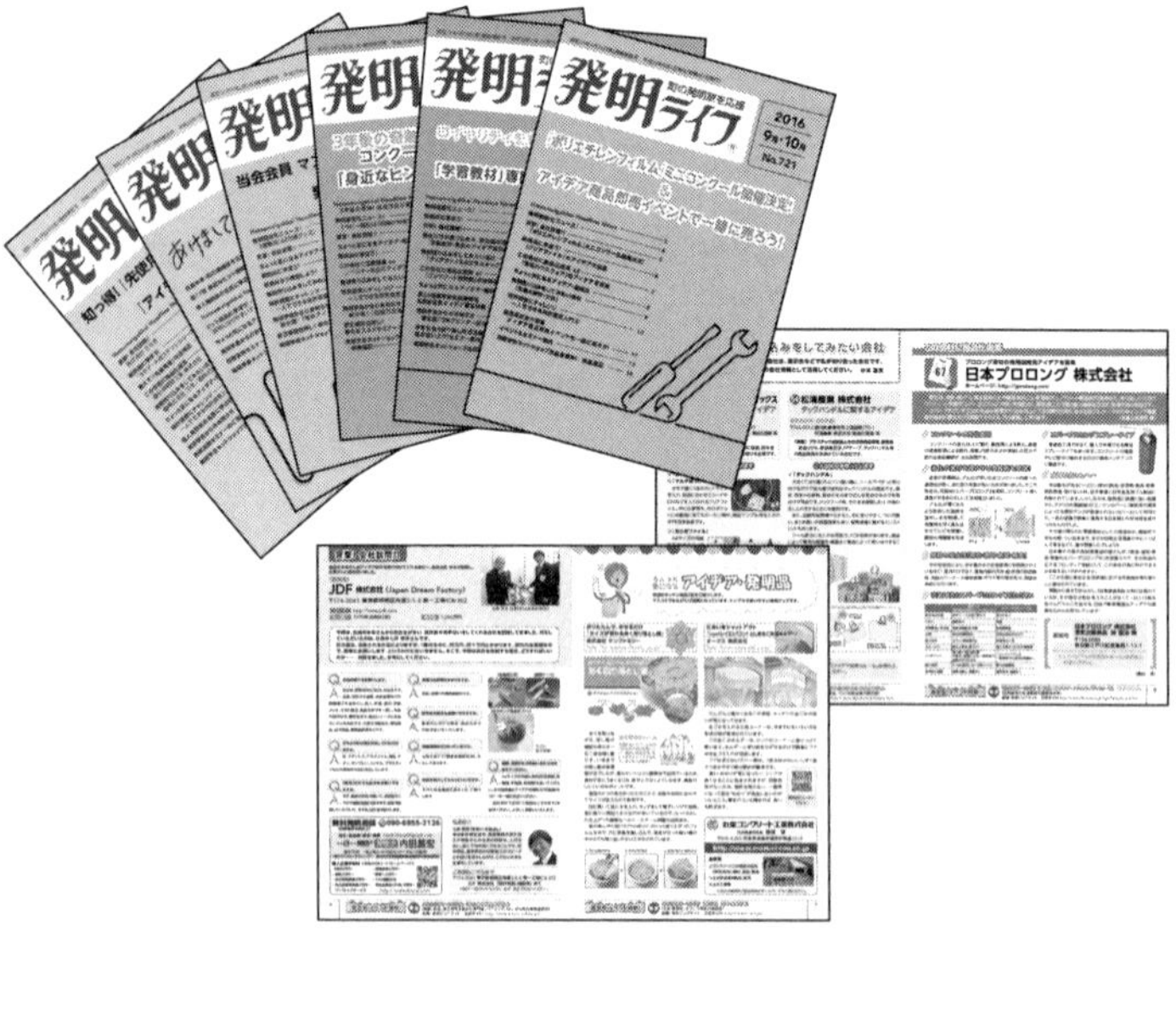

7．本章で紹介した項目の詳しい資料がもらえます

本章でご紹介したパンフレットを、すべて無料で差し上げています（送料手数料として、資料1項目に付き「92円切手×３枚」要）。セミナーやコンクール、イベント等への参加は、発明学会の会員でなくても、申込可能です。資料をご希望の方は、住所・氏名・本書のご感想をご記入の上、「切手」を一緒に、資料請求先まで、お送りください。

〒162―0055
東京都新宿区余丁町（よちょうまち）７番1号
発明学会ビル一般社団法人　発明学会
資料請求『読者サービス（遠藤伸一）』係　　資料請求先

※個人情報について
お送りいただいた個人情報は、筆者が責任を持って管理し、資料発送以外の用途には、一切使用致しません。

※資料について

・ご請求いただいた資料は、急遽企画の変更・中止などにより、お送りできない場合もございます。この場合は、切手をご返却させていただきます。あらかじめご了承ください。

・お届けまでお時間をいただく場合がございます。

・資料をご請求いただいた際、オススメのイベントやセミナー情報があった場合は、ご請求いただいた資料以外にも、これらのパンフレットを無料で同封させていただきます。

あわせてご参照ください。

筆者へのメッセージなどもいただけると嬉しいです。

何でもかまいません。時間があったら返事します……。

例えば、こんなメッセージ（質問）でもいいです。

返答すると思うコメントも入れてみました。

（例）

「筆者の顔がデカくてモアイ像みたい……」

それは、モアイ像に失礼です……。

「筆者はふてぶてしいですよね……」

皆さんがおとなしいだけです。

「筆者の心臓に毛が生えてそう」

モジャモジャ生えています。陰毛も絡み合って……。

「筆者と付き合いたい」

ストーカーなら募集しています。

「筆者って、なかなか面白いこと書くね」

真面目なことが書けないだけです。

「筆者って、絶対、女好きですよね。さんざん遊んでいますよね」

記憶にございません。

「筆者の本を読んで、私も何か作ろうかと思いました」

著者の子供はいかが……。

「筆者のようになりたいです」

とりあえず、変なおじさんになることです。

「筆者と飲みたいな」

実は、アルコール性心筋症になってしまいまして……。

本書でもたびたび、ビールについて書いていましたが、なにをかくそう、断酒中です。

お医者さんは言いました。

「これ以上飲んだら心臓移植しかありません。今後一切、酒は禁止です。それとも心臓にペースメーカーを入れて飲みますか」と、最終勧告……。

それで飲めるのなら、心臓にペースメーカーを入れようかと、かなり悩みましたが……。

「勝手に悩め……」って、でしょうね……。

こんな病気になったのは、毎晩、ウオッカのボトルを一本近く20年以上も体に入れ続けていたツケです……。

ところで、最近のロシア人の若者はウオッカを飲まないようです。

テレビで見たコメントがこれ……。

「ウオッカ、カラダニ、スゴク、ワルイカラ、ゼッタイ、ノマナイ、アブナイヨ」

現地の人が飲まないものを、私は異国の地で長年もガブガブ飲んできたとは……。

ロシア人の寿命は平均64歳。その短命な原因が「ウオッカ」とのこと。

ああ〜〜、私はかなり寿命を縮めた計算になります。

それはそうと、アルコールをやめていいことがありました。

そうです。時間ができたのでこの本が書けました。

調子こいて、また次の本を書いて出版しようか模索中です。

次の本のテーマはなんだと思いますか？

「またアイデアでなんたらとか、特許で儲けられるとか、だろ……」って……。

いいえ、違います。

そのテーマは……。

「あなたも必ず、お酒がやめられます！」

「なんだそれ！」と、思われたところで……。

お酒で失敗した話は尽きませんので書けるかなと……。

田んぼに引っくり返って泥だらけになってみたり、寝ゲロしたり、朝起きて車を見たら、
なにかを探したかったのか、ドアというドアがすべて開いていたり……。

まあ、女でもさんざん失敗していますが……　それとも、本のタイトル変えようかな
……。

「あなたも必ず、女に失敗します！」とか……。
「持ちネタたくさんあっていいね！」って……。
女に失敗した自分のエピソードだけでも数冊くらいは書けそうですが……。
それはともかく、商品化を志す皆さんにとって、発明学会は心強い組織です。
是非、パンフレットを請求してみてください。
あなたのアイデアが商品になるチャンスですよ。
来年、店頭に並んでいる商品はあなたのアイデアかもしれませんね……。

あとがき

いかがだったでしょうか。

今まで発明に興味すらなかった方がこの本を機会に……。

「よし！　私も何か商品を作ってみよう」と奮起してもらえたならば幸いです。

その一方で、特許を持っていながら、商品になっていない案件は数えきれないと思います。それは、その発明に魅力がないということではなく、製品となる形状が奇抜で製造工程に課題があるだけなのかもしれません。

努力して手に入れたゴールド色の特許証。壁に飾って終わらせてしまったらもったいないです。

商品化する気持ちをいつまでも持ち続けられたら、必ずお店に並ぶ日がやってきます。

諦めてしまったら、それまでの努力が報われません。

鉄橋だって同じこと。何百メートルも組み立て、残りのたった一メートルで支障が生じて断念したら意味がありません。なにもかもが水の泡です。

ご存じのとおり、私の商品もメーカーさんはお手上げでした。

でも、私は諦めませんでした。

仮に20年かかっても、30年かかっても間違いなくやり遂げたと思います。

すんなりと試作が完成し、安易に特許が交付され、なんの苦労もなくトントン拍子に商品になってお店に並んでいたら、この本は今ありません。

結果的にいろいろなことがあって良かったと思います。

なぜなら、それがすべて良い結果となっているから。

この本の原稿が書き上がった後に、発明学会の方から……。

「セミナーの講師をやっていただけませんか」とのオファーを承りました。

「こんな私でよければ」と、快くお引き受けさせていただきました。

波乱な商品開発のエピソードなら何時間でも話せます。今ならすべて笑い話のネタになります。

それと実は、この本には書いていない裏技や、商品販路の戦略もまだまだあります。

商品を流通させる大事な駆け引きです。

もし、話を聞いたら目からウロコですよ。

いつの日か、お目にかかれたらそっと教えます。
「気になるんだけど」って……。
じゃあ、お会いするときまでモヤモヤしながらお過ごしください。
前に言いましたよね。私は〝困った顔フェチ〟だって……。
「自分が考案した商品を日本中に知ってほしい」
そんな価値観を持っている方と私は仲間のような存在です。
全国のお店にたどり着く道のりを、楽しんでやってみればいいのです。
商品完成までの途中、思い通りにならないことがたくさんやってきます。
試作にしかり、売り込みにしかり。その気持ちは誰よりもわかります。
でも心配はいりません。
自分を信じていれば大丈夫です。
最後には必ずうまくいきます。
あなたの素晴らしいアイデア商品を多くの方々が待ちわびていると思ってください。
いつの日か、その商品を購入したお客様はこう思うことでしょう。
「便利で助かるね。よく考えてくれたね」と……。

いい品物は頼んでもいないのに勝手に宣伝してくれます。
人から人に……。
それを何十年にもわたって使ってもらえたらうれしくないですか？
言うなれば、あなたの発明は人を幸せにします。
その発明によって、たくさんの笑顔をもたらします。
大事なことは特許収入だけではありません。
自分のアイデア商品で多くの人に喜んでもらう。
とても素敵なことだと思いませんか。
とても誇らしくないですか。
ですから、諦めている暇なんてありません。
あともう少し頑張って。皆のために……。
あなたなら、きっとできるはずです。
最後に……。
皆様の発明生活を心から応援しています。
そして、コバテック株式会社の社長様、営業の板橋様、社員の皆様方、射出成形設計のスギウラ様の多大なるご尽力を賜りましたことに厚くお礼申し上げます。

また、発明学会会長の中本繁実様、松野泰明様、日本地域社会研究所社長の落合英秋様、皆様のご協力、ご支援をいただき、本書を無事発行することができたことを深く感謝申し上げます。

本当に有難うございました。

平成29年9月

遠藤伸一

著者紹介

遠藤伸一（えんどう・しんいち）

１９７２年3月２５日福島県生まれ。昭和ワールドコーポレーション代表。

魚内臓取り具「ぐるぐるとって」の特許を取得後、自ら商品を開発し、一人で全国各地の店舗に拡販。また、フリーライターとして執筆活動も。

一般社団法人発明学会セミナー講師。


あなたの「アイデア」商品《しょうひん》がお店《みせ》に並《なら》びます！

2017年11月25日　第1刷発行

著　者　遠藤伸一《えんどうしんいち》
監修者　一般社団法人発明学会
発行者　落合英秋
発行所　株式会社 日本地域社会研究所
〒167-0043　東京都杉並区上荻 1-25-1
TEL　(03)5397-1231(代表)
FAX　(03)5397-1237
メールアドレス　tps@n-chiken.com
ホームページ　http://www.n-chiken.com
郵便振替口座　00150-1-41143
印刷所　中央精版印刷株式会社

落丁・乱丁本はお取り替えいたします。

ISBN978-4-89022-209-4

日本地域社会研究所の好評図書

隠居文化と戦え
社会から離れず、楽をせず、健康寿命を延ばし、最後まで生き抜く

三浦清一郎著…人間は自然、教育は手入れ。子供は開墾前の田畑、退職者は休耕田。手入れを怠れば身体はガタガタ、精神はボケる。隠居文化が「社会参画」と「生涯現役」の妨げになっていることを厳しく指摘。

46判125頁／1360円

コミュニティ学のススメ
ところ定まればこころ定まる

濱口晴彦編著…あなたは一人ではない。人と人がつながって、助け合い支え合う絆で結ばれたコミュニティがある。地域共同体・自治体経営のバイブルともいえる啓発の書！

46判339頁／1852円

癒しの木龍神様と愛のふるさと
～未来の子どもたちへ～

ごとむく・文／いわぶちゆい・絵…大地に根を張り大きく伸びていく木々、咲き誇る花々、そこには妖精（フェアリー）たちがいる。「自然と共に生きること」がこの絵本で伝えたいメッセージである。薄墨桜に平和への祈りを込めて、未来の子どもたちに贈る絵本！

B5判上製40頁／1600円

現代俳優教育論
～教わらない俳優たち～

北村麻菜著…俳優に教育は必要か。小劇場に立つ若者たちは演技指導を重視し、「教育不要」と主張する。俳優教育機関が乱立する中で、真に求められる教えとは何か。取材をもとに、演劇という芸術を担う人材をいかに育てるべきかを解き明かす。

46判180頁／1528円

発明！ ヒット商品の開発
アイデアに恋をして億万長者になろう！

中本繁実著…アイデアひとつで誰でも稼げる。「頭」を使って「脳」を目覚めさせ、ロイヤリティー（特許実施料）で儲ける。得意な分野を活かして、地方創生・地域活性化を成功させよう！ 1億総発明家時代へ向けての指南書。

46判288頁／2100円

観光立村！ 丹波山通行手形
都会人が山村の未来を切り拓く

炭焼三太郎・鈴木克也著…丹波山（たばやま）は山梨県の東北部に位置する山村である。本書は丹波山を訪れる人のガイドブックとすると同時に、丹波山の過去・現在・未来を総合的に考え、具体的な問題提起もあわせて収録。

46判159頁／1300円

日本地域社会研究所の好評図書

「消滅自治体」は都会の子が救う　地方創生の原理と方法

三浦清一郎著…もはや「待つ」時間は無い。地方創生の歯車を回したのは「消滅自治体」の公表である。日本国の均衡発展は、企業誘致でも補助金でもなく、「義務教育の地方分散化」の制度化こそが大事と説く話題の書！

46判116頁／1200円

歴史を刻む！街の写真館　山口典夫の人像歌

山口典夫著…大物政治家、芸術家から街の人まで…。肖像写真の第一人者、愛知県春日井市の写真家が撮り続けた作品の集大成。モノクロ写真の深みと迫力が歴史を物語る一冊。

A4判変型143頁／4800円

ピエロさんについていくと

金岡雅文／作・木村昭平／画…学校も先生も雪ぐみもきらいな少年が、まちをあるいているとピエロさんにあった。ついていくとふかいふかい森の中に。そこには大きなはこがあって、中にはいっぱいのきぐるみが…。

B5判32頁／1470円

新戦力！働こう年金族　シニアの元気がニッポンを支える

原忠男編著／中本繁実監修…長年培ってきた知識と経験を生かして、個ビジネス、アイデア・発明ビジネス、コミュニティ・ビジネス…で、世のため人のため自分のために、大いに働こう！　第二の人生を謳歌する仲間からの体験記と応援メッセージ。

46判238頁／1700円

東日本大震災と子ども　～3・11 あの日から何が変わったか～

宮田美恵子著…あの日、あの時、子どもたちが語った言葉、そこに込められた思いを忘れない。震災後の子どもを見守った筆者の記録をもとに、この先もやってくる震災に備え、考え、行動するための防災教育読本。

A5判81頁／926円

ニッポンのお・み・や・げ　魅力ある日本のおみやげコンテスト　2005年―2015年受賞作総覧

観光庁監修／日本地域社会研究所編…東京オリンピックへむけて日本が誇る土産物文化の総まとめ。地域ブランドの振興と訪日観光の促進のために、全国各地から選ばれた、おもてなしの逸品188点を一挙公開！

A5判130頁／1880円